JN299050

最新保育講座
3

子ども理解と援助

髙嶋景子・砂上史子・森上史朗 編

ミネルヴァ書房

はじめに

「子ども理解と援助」を学ぶ人のために

　本書を手にとってくださっているみなさんは，おそらく，何らかの形で子どもや保育に興味をもって，子どもの発達や保育の営みについて，さまざまな授業や実習を通して学んでいる過程にある方が多いことと思います。そして，その出発点には，おそらく，「子どもが好き」という純粋な思いや，「子どもたちの育つ過程に携わりたい」という希望，また，「子どもはどのように育っていくのか」「そのために保育者はどのようにかかわればいいのだろうか」というように子どもや保育に対する興味・関心が存在していたのではないでしょうか。そのような相手に対する純粋な関心や思いは，子どもとかかわっていく上で，私たちを支えてくれる大切な基盤でもあります。しかし，これまで，子どもや保育についてさまざまな学びを積み重ねるなかでは，単に，子どもが好きというような「自分の思い」だけでは成り立たない保育の難しさや奥深さを実感する機会も少なからずあったのではないでしょうか。

　保育というのは，「子どもを理解する」ことから始まるとよく言われます。一人ひとりの子どもを支え，その子にとって豊かな育ちに繋がるような経験を保障していくためには，まず，それぞれの子どもの思いや育ちを丁寧にとらえ，その内実を理解し，その上で，そこで求められる援助のあり方を考えていくことが必要になります。しかし，そのように「子どもを理解する」ことの大切さはわかるけれども，では，実際に，保育の実践の場で子どもたちとのかかわりのなかに身を置いた時，「何を」「どのように」理解していけばいいのかという点について悩み，戸惑うことも多いことと思います。

　「子どもを理解する」ということがどのようなことを意味し，子どもが見せてくれている姿や行為，育ちを読み取り，その表現してくれているものを理解するためには，どのような視点から，何をとらえていく必要があるのか。また，それらの「理解」が，保育者の子どもへの「援助」にどのように関係してくる

のか。さらには，理解を深めていくために有効な手立てとして，どのようなこと（記録や周囲との連携の取り方など）が必要とされるのか等々，保育者の専門性の根幹となる「子どもを理解する視点やまなざし」を深め，より確かな「理解に基づいた援助」ができるようになっていくために必要な手がかりを，さまざまな観点から得られるようにという主旨に基づいて本書は編集されました。子どもと出会い，その子どもの世界と真摯に向き合いながら，自分の援助を探り続けていくための一助に本書を活用していただければと願っています。

　2011年2月

高嶋景子

もくじ

はじめに

第1章 保育における「子ども理解」とは　1

1 保育のはじまりとしての「子ども理解」——— 3
- ① 保育の一場面から　3
- ② 個々の子どもの「思い」への気づき　4
- ③ 「理解」から生まれる多様な「援助」　5

2 子どもを見る「まなざし」——— 8
- ① 子どもを見る「目」　8
- ② 私たちの「まなざし」を規定するもの　9

3 子どもの行為の「意味」を探る——— 11
- ① 子どもにとっての「意味」を問うこと　11
- ② 子どもの視座に立つことで見えてくる「意味」　12
- ③ 個別的・共感的に見ていくまなざし　14
- ④ 状況や関係のなかでの「意味」をとらえる「まなざし」　15

4 子ども理解の基盤としての「カウンセリングマインド」——— 16
- ① 「カウンセリングマインド」とは何か　16
- ② 保育のなかでの「カウンセリングマインド」　17
- ③ カウンセリングマインドに支えられ生まれる子どもの変容　22

5 子ども理解を深めるために求められるもの——— 23

第2章 子どもの発達理解　27

1. 「発達」と「育ち」――――――――――――――――――― 29
2. 「発達段階」と「発達過程」―――――――――――――――― 31
3. 発達における内側と外側―――――――――――――――― 33
4. 能力論的発達と行為論的発達―――――――――――――― 34
5. 物語るものとしての発達―――――――――――――――― 35

第3章 保育における「理解」と「援助」　39

1. 理解と援助――――――――――――――――――――― 41
   1. かかわりながら理解する，理解しつつかかわる　41
   2. よく見る，よく聴く　44
   3. かかわりの後で理解を深める，修正する　46
   4. 個々の子どもに応じた援助　49
2. 「理解」から生まれる「ねらい」と「援助」――――――――― 51
   1. 遊びの実態をとらえて「ねらい」をたてる　51
   2. 「ねらい」に応じた援助　55
   3. 遊びのなかから「学び」の可能性をとらえる　57

第4章 「子ども理解」を深める観察と記録　61

1. 観察とは―――――――――――――――――――――― 63
2. 保育の場で子どもを「見る」ということ――――――――― 65
   1. 子どもを共感的に見る　65
   2. 子どもとかかわりながら子どもを見る　66

③ 子どもを取り巻く関係を見る　68

3 記録をとることの意味 ——————————————————— 69
① なぜ記録をとる必要があるのか　69
② 保育記録には何を書けばよいのか　71
③ 保育記録の書き方の実際　73
④ 記録をもとに保育を共有する　77

第5章 「子ども理解」を深める保育カンファレンス　79

1 園内研修の必要性と意義 ——————————————————— 81
2 保育カンファレンスとは何か ——————————————————— 82
① 保育カンファレンスが生まれる経緯　82
② 保育カンファレンスの備えている特徴　83
③ なぜ，保育カンファレンスが必要か　84

3 保育カンファレンスを「子ども理解」に役立てるために ——————————————————— 85
① テーマの設定について　85
② 子どもに肯定的なまなざしを向け，子どもの内面に迫る　86
③ 「語り合い」を支えるファシリテーター役　87
④ 仲間の意見を可視化させる記録役を決める　87
⑤ 参加者一人ひとりの姿勢が本音を語れる雰囲気をつくる　88
⑥ 特定の人だけではなく，参加者みんなが語るための工夫　88
⑦ カンファレンスのまとめ方　90

4 保育カンファレンスの素材 ——————————————————— 91
① 文字による記録物で語り合う
　　——自分の保育を「振り返る」目を育む　91
② 写真で語り合う
　　——手軽に「撮る」「選ぶ」「プレゼン」するなかでの学び　92
③ ビデオ映像をもとに語り合う　93
④ 外部から講師を呼ぶ　94

5 実践編：子ども・保育を語り合ってみよう ——————————————————— 94
6 保育カンファレンスの魅力 ——————————————————— 95

第6章 障碍のある子どもの保育から考える子ども理解　97

1 障碍のある子どもとの出会い　99
　① 障碍のある子どもと出会う前に　99
　② 子どもとの出会い？　それとも障碍との出会い？　101

2 問いと揺らぐ心に囲まれる保育者　103
　① 子どもから突きつけられる問題が自分の保育を揺るがす　103
　② 振り回され落ち込む時が成長へのチャンスになる　104

3 積み重なる日々の恵みとの出会い　107
　① きらめく瞬間の体験　107
　② 「見える」眼，「感じる」眼，「ともにいる」眼　108
　③ 周囲の人々に支えられる日々　110

4 人間の多様性への理解に向けて　115
　① 個の違いを受け入れること　115
　② もちこたえること・引き受けること　117
　③ 変化を感じ取ること　118
　④ 知ること・学ぶこと　118
　⑤ 自分自身をひらくこと・つながりを大切にすること　118
　⑥ ともにあることの喜びを感じること　119

第7章 子ども理解と保育現場でのカウンセリング　121

1 保育現場における臨床家——保育カウンセラーとは　123

2 保育カウンセラーによる子どもの理解のあり方　124
　① 保育のなかのAくんの行動観察　126
　② Aくんに対するクラス担任の先生との話し合い
　　　——保育者へのコンサルテーション　126
　③ Aくんの保護者との面談　129

3 保育カウンセラーに求められる役割——————————133

第8章 子育て支援・家庭支援における子ども理解 137

1 保育の場における子育て支援・家庭支援の必要性——————139
    1 「いまどきの親」は問題？ 139
    2 子どもの変容とその背景にあるもの 140
    3 「子育て」を取り巻く「まなざし」 142
2 子どもの行為の「意味」を保護者と共有していく支援——————144
    1 子どもの姿から「意味」を読み解く難しさ 144
    2 子どもの姿が「見えてくる」こと 147
    3 子どもの行為の「意味」を理解することから生まれる保護者の変容 149
3 子どもの育ちを「ともに」味わう保育実践の広がり——————152
    1 保護者とのかかわりの基本 152
    2 子どもの姿から「意味」を伝えるさまざまなツール 153
    3 子どもの育ちを「ともに」味わい，支え合う関係の広がり 155

各章扉裏イラスト：大枝桂子

第1章

保育における「子ども理解」とは

　保育とは，一人ひとりの子どもの育ちを願って，それぞれの子どもの「未来」をともにつくり出していくための営みであると考えられます。

　そのために，保育者には，一人ひとりの子どもが「今ここ」で経験していること，味わっていること，そしてそれがその子どもにとってもっている「意味」をとらえ，理解していくことが求められます。

　それは，決して，一般的な子どもの心理や発達を学べばわかるようになるというものでもありません。今，目の前にいる一人ひとりの子どもの世界を探り，その子が見ているものをともに見ていく「まなざし」が必要となります。では，そうした「まなざし」はどのようにして獲得していけるのでしょうか？

　本章では，保育者として，子どもにかかわり，援助していくために，どのように一人ひとりの子どもの姿や行為をとらえ，理解していけばいいのか，その糸口をつかむための基本的な考え方や保育者に求められる姿勢について学んでいきたいと思います。

いーちー
にー
ズラリ
遊具は他にもあるのになぜブランコがいいの？わからないなあ
ブランコ気持ちいいもん
友だちが楽しそうだから
そこにブランコがあるからヨ
えーっ
そんなにいろいろ考えてるんだ！
子どもって奥深いよね

第1章 保育における「子ども理解」とは

第1節 保育のはじまりとしての「子ども理解」

❶保育の一場面から

次の【Episode 1】は，筆者の大学のゼミ学生であるAさんが，ある園へボランティアに通いはじめたばかりの頃の経験を語ってくれたものです。このような時，あなたならどうするか一緒に考えてみてください。

Episode 1

「片付けようよ」「まだいいの！」

おやつの時間が近づき，何人かの保育者が園庭で遊んでいる子どもたちを誘って片付けをはじめました。保育室のなかでも，子どもたちがそれぞれに遊んでいたものを片付けはじめています。

でも，私と一緒におうちごっこをして遊んでいたサキとアヤノはまだ遊び続けています。「もうお片付けだから，そろそろおしまいにしよう」と言葉をかけましたが，サキはそれには答えず，アヤノとお買い物に行く相談をはじめました。早く片付けなくてはと思い，「ねえ，サキちゃんアヤノちゃん，もうみんな片付けているよ。サキちゃんたちも片付けして，おやつ食べてからまた遊ぼうよ」と重ねて言うと，サキから「まだいいの！」と強い口調で拒まれてしまいました。

保育の日常のなかでも時折見られる一場面ですから，実習などで同じような経験をした人も少なくないかもしれません。

実際，このエピソードを一緒に聞いていたゼミの学生の多くは，自分も実習で同じような経験をして困ってしまったと共感を込めた反応を示しました。そんな時どうしたのかを尋ねてみると，みんな口々に，「誰が一番早く片付けられるかとか，誰が一番多くごみを拾えるかというように競争の要素を取り入れることで楽しく片付けられるように誘ってみた」「片付けている子どもをほめて，やる気が出るようにしてみた」「担任の先生がいつも片付けの時に弾いている曲をピアノで

弾いて，この曲が終わるまでに片付けるというような目安がつきやすいようにしてみた」などなど，それぞれに考えながら，かかわりを工夫してみた経験を語ってくれました。

❷個々の子どもの「思い」への気づき

　このエピソードを語ってくれたAさんも，それまでの実習経験のなかで，自分なりに工夫し成功したことのあるやり方を試みてみたそうですが，この時はなかなかうまくいかなかったようです。しかし，Aさんは続けてこんなことを報告してくれました。

　「でも，その日の保育後にサキちゃんの担任のK先生と話していた時，この時のことに触れ，困ってしまいましたという話をしたら，K先生から『片付けって何で必要なんだろうね？ 子どもたちにとっては片付けってどんな意味があると思う？』って聞かれたんです。それまで自分は遊んだ後は片付けるのが当たり前だと思っていたし，自分の実習園では片付けの時間になったら音楽が流れて，その時間中に片付けを終わらせなくてはならなかったため，決められた時間に片付けるよう子どもたちを指導しなくては……と必死だったんです。だから，改めてなぜそれが必要なのかと聞かれると困ってしまって……。」

　Aさんは，K保育者の問いかけをきっかけに，はじめて自分がそれまで当たり前のように子どもに要求していた「片付ける」という行為が，子どもたちにとってはどのような意味があったのか，この時のこの子どもたちはなぜ片付けようとしなかったのか，子どもの側から考え直してみたそうです。

　K保育者によれば，実は，サキは日頃から活発でハキハキしている分，少し気が強いところもあり，言葉や語調も強めで，強引に遊びを進めてしまう一面があるため，周囲の子どもたちもサキを敬遠してしまい，一緒に遊ぼうとする子が少なくなってきていた時期だったそうです。そんななか，穏やかで物静かなアヤノは，いつもサキと一緒に行動し，サキと遊びをともにしてくれる唯一の友達でした。しかし，1週間ほど前にサキが風邪で数日お休みし，その間，隣のクラスのエリやトモミたちと一緒に遊んだアヤノは，サキが登園できるようになってからも，エリたちとの遊びが続いていて，サキが誘っても応じてくれないことが続いていたようなのです。ただ，この日は，久しぶりにアヤノがサキの誘いに応じて，一緒におままごとを楽しむことがで

き，そのなかではサキが，（これまでは見られなかったそうですが）アヤノを気遣い，アヤノのごっこのイメージを汲みとりながら，遊ぼうとする姿も見られていたとのことでした。

　そう考えると，サキにとっては，この日のアヤノとのおままごとは，久しぶりに友達とともに遊べるうれしさを味わうことのできたかけがえのない時間だったのかもしれません。その遊びの場を「片付ける」ということは，サキにとっては，ひょっとしたら，この日再びつながりかけたアヤノとの「絆」が切れてしまうような不安を感じさせるものだったのではないでしょうか。

　そんなサキの思いを察したK保育者は，片付けようとしないサキたちに対して，すぐに声をかけようとはせず，他の場所の片付けを子どもたちと一緒に進め，それらの片付けが終了する頃にサキとアヤノに対して「せっかくつくった素敵なおうちを片付けちゃうのはもったいないから，おやつ食べたらまた遊べるようにとっておこうか」と提案したそうです。サキたちはその提案を受け，「でかけています。はいらないでね」と書いた看板をつくると，すぐにおままごとコーナーから出て，手を洗いに行きました。Aさんは，最初K保育者の対応を見た時には，「片付けさせなくていいのかな」と疑問を感じたようですが，保育後にサキたちの話を聴いて，「自分はサキちゃんたちにただ『片付ける』という行動をさせることしか考えていなかった。2人がなぜ片付けようとしないのか，その思いにまで目が向いていなかったことに気づきました」と自分のかかわりを振り返っていました。

❸「理解」から生まれる多様な「援助」

　❶の冒頭で他の学生たちからあげられたさまざまな対応も，そのどれもが，「片付け」をさせるための「手段（方法）」を考えてくれているものでした。それは一方で，多くの学生が，「片付け」はしなくてはいけないものという前提に立って，そのために，どう片付けさせるかという方法を考えようとしていることが伝わってきます。

　もちろん，使ったものをその都度「片付ける」ということは，子どもたちが育つ過程において学んでいかなくてはならない大切なことですし，集団生活をしていく上では，守らなくてはならない生活や活動の流れも存在します。保育のなかでは，そうした「片付ける」という行為を通して，次の活動に向けた見通しをもって気持ちや活動に区切

りをつけられるようになることや、自分の身の回りを清潔・整然と保つことの心地よさを知り、それを自ら保てるようになる生活習慣を身につけることなど、さまざまな育ちが期待されています。そのように考えると、子どもたちに自ら「片付け」ができるよう園生活のなかで求め、促していくことは大切なことであり、必要な指導であると考えられます。しかし、だからといって常に片付けるという行為を一方的に求めていくことだけが優先されるべき援助なのでしょうか。

【Episode 1】のK保育者は、この日のサキとアヤノとのかかわりは、サキが久しぶりにうれしい思いを味わえただけでなく、そのかかわりを通して、他者とともにいられる喜びや心地よさを改めて気づき、さらには、他者とともに何かをしていくために自分の思いの出し方を調整したり、他者への配慮や思いやりを表現できるようになっていくための大切な経験につながっていくであろうと考え、そのかかわりがもう少しだけ持続するように、その日は、その場を「片付ける」のではなく、あえて、そのまま「とっておく」ことを選択しました。

何気ない1つの場面における子どもたちの行動も、なぜ、そうした行動をとるのかをその子どもの側から探り、その場面における経験がその子にとってどのような「意味」をもっているのかを考えると、その時その子にとって必要な経験やそのために求められる援助のあり方は決して一様ではなく、また一義的に「こうするべき」「これが正解」と決められるようなものではないことに気づきます。一見、同じ行動に見えるものであっても、なぜそうするのかには、それぞれの子どもによって異なる多様な理由が存在しており、その理由によって、そこで求められる援助というのは変わってくるのではないでしょうか。

たとえば、同じように「片付けをしない」子どものなかには、筆者が出会った【Episode 2】のユウキのような姿もありました。

Episode 2

片付けの時にいなくなるユウキ

ユウキは片付けの頃になると、いつもスーッと保育室からいなくなってしまいます。担任のC先生はそんなユウキが気になっていて、さりげなくユウキを片付けに誘ったり、片付けてほしい場所やモノを具体的に示すようにしていました。ユウキはその時は素直に片付けに参加するのですが、少しすると保育室から出て行ってしまいます。そして片付け終わった部屋でお弁当や帰りの会がはじまると、みんながもう席に着き終わった頃に戻ってくるのです。

ユウキは，この年の夏に家族の転勤に伴い，他県の幼稚園から転園してきた男児でした。そのため，転園してきた当初は，ユウキがクラスになじめるか担任のC保育者も心配していたのですが，ユウキは最初から物怖じせず，面白そうな遊びを見つけると自分から積極的にかかわっていく元気な姿を見せてくれていたため，C保育者も安心していました。しかし，その一方で，今度は片付けになるといなくなってしまうユウキの姿が次第に目立つようになってきました。

　それがきっかけとなり，ユウキの様子をよく見てみると，ユウキは園庭やホール，保育室などあちらこちらを歩き回り，目に入った面白そうな遊びに飛びつくようにしてかかわっていくのですが，そこでじっくりと遊び込むというようなことはあまりなく，かかわる場所や相手は常に変わっていて，誰かと何か（イメージやルールなど）を共有しながらじっくり遊び込むという様子は見られないことに気づきました。一見，元気よく遊びまわっているように見えたユウキの姿は，実は，自分を受け止めてくれる特定の仲良しの存在や，落ち着いて自分を出して遊び込める遊びが見つかっていないために，1つの場所に居続けられず（居場所がなく），次々と場所や相手をめまぐるしく変えていっている姿だったのです。そんな彼にとって，片付けの後にみんなで集まる時間というのは，クラスの子どもたちの大半が，仲良しの友達やその日一緒に遊んだ相手と「一緒に座ろう」と誘い合ったり，約束を交わしているそばで，隣に座る相手がいない寂しさを感じさせられる瞬間だったのかもしれません。そして，みんなが着席した頃に戻って来るのも，一緒に座る相手がいない自分を目立たせないように人目を避けたり，最後に余っているところへ自動的に座ればいい状態をつくり出すためのユウキなりの「方略」だったのではないでしょうか。

　そんなユウキの抱えている葛藤に気づいたC保育者は，それまでのように，片付けの時間になってから「片付けよう」「片付けて」とユウキを誘う前に，その前の遊びの時間を大切にユウキとじっくり過ごすことからはじめました。ユウキが興味をもった遊びをじっくり繰り返し試せたり，それを誰かと共有できたりするようユウキの遊びに自ら参加しながら援助していったのです。そうしたC保育者の援助を通して，ユウキは次第にクラスの他児とのかかわりを深め，自分の好きな遊びを選んでじっくりと遊び込むような姿も見られるようになりました。それとともに，その日一日遊び込んだ場を一緒に遊んでいた友達と片付けようとする姿や，その相手と一緒に席に着く様子が見

られるようになっていったのです。

　このように「片付け」という何気なく見える保育の一場面も，一人ひとりの子どもがそこで経験していることや，そこでその子が抱えている「思い」は異なります。それぞれの子どもにとって必要な援助のあり方を幅広く探りながら見出していくためには，まずは，それぞれの子どもを丁寧に見つめ，それぞれの場面や出来事が，その子にとってどのようなものであり，そこで見られる子どもの行為がその子のどのような内面を表現しているものなのか，またそれがその子の育ちのなかでどのような意味をもつものなのかなどを，一人ひとりの子どもの側からとらえ理解していくことが必要であり，それこそが保育の出発点となるのではないでしょうか。

第2節　子どもを見る「まなざし」

❶子どもを見る「目」

　子どもを理解していこうとする時，私たちは，どのようなことに留意し，どのように子どもを見ていくことが求められるのでしょうか。
　私たちの「目」の表情を表現する言葉には，「目つき」と「まなざし」という2通りの表現があります。森上は，「目つき」とは「いやな目つき」「いじわるな目つき」といった使われ方に代表されるように，その対象のあらさがしをしたり，子どものしていることを大人の目で見て無意味なものとして決めつけて見るような「冷たい」見方を指す表現であると指摘します。その一方で，「まなざし」は「温かいまなざし」といった使われ方に代表されるように，子どもの立場に立った目で受容的に子どもを見守る際の表現であるとしています。[1]
　こうした見る側の見方の違いは，子どもの姿にも大きな影響を及ぼします。子どもたちは大人がどのような視線を自分に向けているかをとても敏感に感じ取っています。たとえば，低年齢の子どもたちや何かしら不安感を抱えている状況にある子どもは，大人の肯定的な「まなざし」を感じることで，「見てくれている」という安心感や，励ま

[1]　森上史朗「子どもへの共感とは」森上史朗他（監修）『子どもを見る目』フレーベル館，1998年，pp. 50-58.

しの視線を感じ，安心して自分のありのままを出しながら活動に没頭していくことができるようになっていきます。一方で，傍らにいる大人が否定的な視線で自分の行為を見ている時には，子どもはその視線を敏感に感じ取り，緊張を強いられたり，規制されることになり，結果的には，大人の顔色を敏感に読み取りつつ，それに沿った行動をとろうとしたり，「これやっていい？」「これでいい？」としきりと同意や承認を求めようとする子どもの姿にもつながります。

　子どもが安心して好奇心に満ちた活動に没入したり，自分なりの試行錯誤を繰り返しながら，自分らしく世界とかかわっていく面白さを知り，自己発揮していけるようになっていく背後には，それを支える傍らの大人の「まなざし」が存在していると考えられます。そのため子どもたちの傍らにいる者は，子どもをどう見ているかという自分の見方そのものが，子どもたちの行動を規定していることを常に自覚しておく必要があるのではないでしょうか。

❷私たちの「まなざし」を規定するもの

　では，そもそもなぜ，こうした見方の違いが生まれてくるのかを下記の【Episode 3】を通して考えてみましょう。

Episode 3

いつも一緒に……

　同じクラスのナツキとマキはいつも一緒に遊んでいます。何をするにも2人一緒に行動し，お弁当や帰りの会なども必ず隣同士に座り，片時も離れることはありません。クラスで絵を描く時なども，隣同士に座って，お互いの絵を見ながら描くので，同じような絵が出来上がりますが，2人はにっこり笑ってうれしそうです。

　このようなナツキとマキの姿をあなたはどう考えますか。また，できれば周囲の人と話し合って，それぞれにどのような見方があったか意見を出し合ってみてください。

　ナツキとマキの姿を「仲の良い微笑ましい姿」と感じる人もいれば，「もう少し他児とのかかわりをもてた方がいいのではないか」と疑問を感じた人もいたかもしれません。同じような場面や子どもの姿を見

ても，その感じ方やとらえ方が違ってくるのはなぜでしょうか。

　それは，ナツキやマキの年齢や発達の過程，またその時の2人の関係の深まりの度合いなどによっても異なってくると思われますが，それと同時に，そこには，あなたが「子ども」について，また「子どもの育ち」について，どのような考え方をもっていて，何を大切にしたいと考えているかというあなた自身の価値観が大きく反映されていると考えられます。

→2　人それぞれがもっている「子ども」や「子どもの育ち」に関するものの見方や考え方を「子ども観」「発達観」と呼びますが，そのような発達のとらえ方，考え方と子ども理解との関連については第2章で詳しく説明しています。

　たとえば，もし，あなたが，子どもたちは仲の良い友達ができることで，子ども同士の信頼関係が生まれ，そこから自分の行動を広げていくことができるため，このような親密なかかわりも今後の人間関係の基盤となる大切なものであると考えていれば，【Episode 3】のナツキたちの姿を受容的，肯定的に見守っていくことができるでしょう。しかし，もし，あなたが，子どもはより多くの子どもたちとかかわれるようになることが望ましく，早く誰とでも仲良く遊べることが大切であると考えているとすれば，ナツキたちの関係に何らかの疑問や課題を感じるかもしれません。

　保育とは，子どもの「育ち」を願って行われる営みであり，私たちは子どもとかかわる際に，「こうなってほしい」という「願い」を常にもちながらかかわっています。その「願い」と現実の子どもの姿との間にそれほど大きなズレがない場合は，子どもたちの姿を肯定的に見たり，共感していきやすいものですが，その「願い」と目の前の子どもの姿との間に大きなズレが生じている時には（そして，なぜそのような姿が出てくるのかが見えにくい時には），その現実のありのままの姿を「受け入れる」ことに難しさを感じてしまうことも出てきます。

→3　鯨岡峻・鯨岡和子『保育を支える発達心理学――関係発達保育論入門』ミネルヴァ書房，2001年

　鯨岡峻『〈育てられる者〉から〈育てる者〉へ――関係発達の視点から』NHKブックス，2002年

　鯨岡は，保育には，子どもに対して，一個の主体として，自分を出しながら意欲的に世界とかかわっていくような育ちを願いつつ，一方で，社会の一員として，ルールを守りながら，他者とともにものごとに取り組んだり，自己を抑制することができるような育ちも同時に願うという，一見相反する両義的な側面があることを指摘しています。そして，そうした両義的な目標をもつがゆえに，保育者の対応も，「受け入れ・認める」働きと「教え・導く」働きという両義性の間で，複雑な揺らぎを抱え込まざるを得ないと言います。

　こうした両義性の間で生じる揺らぎのなかで，目の前の子どもに，その時，どのような「願い」をもってかかわっていくかは，その人が何を大切にしたいと考えているかという価値観によっても異なってき

ます。価値観自体は人それぞれであり、正解・不正解というものはないと思いますが、しかし、常に、その「願い」が、本当に目の前の子どもの姿に即したものであるかどうかについてを子どもの側から問い直していこうとする姿勢も欠かすことができない大切なものであると考えられます。

どんなに高尚な「願い」であっても、その「願い」が「こうあるべきもの」として固定化してしまい、自分の価値観から「正しい（とされる）こと」を「指導する（教え・導く）」対象として子どもをみなしてしまう場合には、知らず知らずのうちに、目の前の子どもの姿について、どこに「問題」が存在し、どこを指導・矯正していくべきかを探そうとするまなざし（すなわち「目つき」）になってしまうと考えられます。そこでは、子どもは常に一方向的に「評価」される存在であり、その人自身の価値観は揺るがされることなく、すでに出来上がった「枠組み」から子どもを評価していく見方になってしまうのではないでしょうか。

しかし時として、そうした自分の「枠組み」を一旦外して、子どもの側から、その子の見ているものをともに見てみることによって、その子どもの側からは世界がどう見えているのかが垣間見えてきたり、その行為を通して表現されている子どもの思いや内面が見えてくることがあります。「願い」をもちつつも、その「願い」を固定化したものとして押しつけるのではなく、それぞれの子どもに寄り添って、その子の視点や立場に立って、その子の置かれている状況を理解しようとする「まなざし」を通して、子どもにとって必要な経験を探り、必要に応じて「願い」を再構成していくことのできる柔軟さが保育者には求められているのです。

第3節 子どもの行為の「意味」を探る

❶子どもにとっての「意味」を問うこと

一人ひとりの子どもにとって、その時々に必要な経験について考え、

そこで求められる援助を探っていくためには，その子どもが，その時そこで感じていることや，そこで抱えている葛藤など，その子の「内的世界」を読み取っていく必要があります。

　そうした子どもの「内なる世界」を理解していくための「手がかり」には，たとえば，子どもの心理や発達についての一般的な「知識」や，その子どもについての家庭環境や生育歴などの「情報」などがあります。それらは，私たちの理解を助ける大切な「手がかり」の1つとなってくれますが，しかし，同時に，それはあくまでも，個々の子どもへの理解を深めていく際の参考資料の1つにすぎないということも覚えておかなくてはなりません。既存の「知識」や「情報」に頼りすぎてしまい，それが「先入観」となってしまう時には，逆に，個々の子どもへの理解が妨げられることにもなりかねません。目の前の一人ひとりの子どもを理解しようとする時，やはりその理解の基盤となるのは，他でもない，目の前のその子どもが見せてくれている「姿」であり，その言動や表情，しぐさなどを通して表現してくれているものを探っていくことが必要になるのです。

　子どもたちの姿や行為は，常に，その子どもの内的世界を背負って現れているものであり，何気なく見える行為の背後にも，必ず，その子どもにとっての行為の「意味」が存在しています。では，表面に現れているその子の姿や行為から，その「意味」を問い，読み解いていくことはどのようにして可能になっていくのでしょうか。

❷子どもの視座に立つことで見えてくる「意味」

Episode 4

ケイタの噛みつきの「意味」

　1歳児クラスのケイタは，クラスのなかでは月齢も高く，いつも真っ先に面白そうな遊びを見つけて遊びはじめます。他児たちの目にも，そんなケイタの遊びは魅力的に映るらしく，ケイタが何かをはじめると興味をもってそばに行く子どもたちや，真似をしようとする子どもたちが出てきます。しかし，次第に，そうした他児たちとケイタとの間でトラブルが生じるようになってきました。特に，ケイタが自分のそばで遊びはじめた子どもを噛んでしまうということが2度，3度と続くようになったのです。何かきっかけ（使っていた物や場所を取られたり，嫌なことをされたなど）があるようにも見えず，突然そばにいる相手を噛んでしまうことが続いたため，保育者たちにも理由がわからず，

また，それを止めようとしても間に合わずに相手の子が嚙まれてしまうことが続き，重苦しい日々が続きました。保育者は，ケイタが相手を嚙んでしまうたびに，その嚙まれた相手が泣いている様子や赤く腫れてしまった嚙み痕をケイタに見せながら，嚙んではいけないことを一生懸命伝えるのですが，ケイタの嚙みつきは止まりません。

　ケイタの「嚙む」という行為が繰り返されている時，担当保育者は，その「嚙む」という行為には，ケイタなりに何か理由があるのだろうからそれを理解したいという思いをもって，一生懸命ケイタにかかわっていました。しかし，注意深くケイタの様子を見ていても，他児を嚙もうとする瞬間には何か特定のきっかけがあるようにも見えず，文字通り「突然」嚙んでしまうため，なかなか理由がわかりません。そして，気がつくと，ケイタが他児を嚙まないように，ケイタの行動をひたすら「監視」し，危ない場面になりそうな時には，他児とのかかわりに身体ごと割って入るということを繰り返しながら，ケイタに嚙んではいけないということをひたすら伝えるというかかわりになってしまっていたのです。

　しかし，その一方で，ケイタの担当保育者は，その悩みを園内の保育者たちに打ち明け，ケイタについて同僚と連日語り合い，なぜケイタが嚙んでしまうのかを考えようとしていきました。そして，その語り合いを通して，ケイタから見たら，自分の遊びにかかわってくる他児たちの存在が必ずしもうれしい存在ではないのではないかという意見が出てきたのです。確かに，その頃のクラスでは，ケイタが何か面白そうなことをはじめると多くの子どもたちが興味をもって寄ってくるため，そこで混乱が起きたり，場が騒がしくなってしまい，ケイタの遊びが中断してしまったり，ケイタが自ら違う場所に移動してしまったりなど，せっかく自分が発見した遊びを，じっくり楽しむことのできない状況が続いていました。そんな場面が重なるうちに，ケイタにとっては，そばに来る子どもたちが自分の邪魔をするような存在に感じられてしまっていたのではないだろうかということに担任保育者は気づいたのです。そこから，担任保育者はケイタがじっくり遊び込めるように，子どもたちの遊び空間を工夫したり，ケイタが他児を嚙もうとした時にも，嚙んではいけないことを伝えつつ，「ケイタ君がこれをやっていたんだよね」「○○ちゃんに来られていやだったの

かな。でも〇〇ちゃんもケイタ君と一緒にやりたかったんじゃないかな」とケイタの思いを探り，共感しながら，相手の思いを伝えていくようにしていきました。

❸個別的・共感的に見ていくまなざし

　【Episode 4】のように何らかの「問題行動」を見せる子どもの姿を前にした時，私たちは，なんとかその「問題行動」の原因や理由を探ろうとしますが，それがなかなかわかりにくいものである場合，たとえば「〇〇君は攻撃的な性格だから」とか，「家庭環境に問題があるからではないか」というように，つい，その子ども自身の特性や家庭環境などに原因を求めてしまいたくなります。そして，その原因を何かに特定し，それを解決するための技術的な方法を探ろうとする傾向があるのではないでしょうか。「乱暴な子」「落ち着きがない子」あるいは「家庭的に問題がある子」というように，何らかのわかりやすいカテゴリーに当てはめ，「あの子は〇〇だから，このような行動をとるのだ」ととらえ，その子の行動を理解できたような気になってしまう傾向は，実は私たちの誰もが知らず知らずのうちにもってしまっているものかもしれません。しかし，それは，ともすると，そうして子どもの側にレッテルを貼り「わかったつもり」になることによって，それ以上のその子への理解を放棄してしまうことにもつながってしまうのではないでしょうか。津守は，そうした先入観や既存の概念から子どもを見てしまう見方を「概念的理解」と呼び，そうした理解の仕方が目の前の子どもに対する本質的な理解を妨げてしまう危険性があることを指摘しています。[4]

➡4　津守真『子どもの世界をどう見るか』NHKブックス，1987年

　たとえば，【Episode 4】におけるケイタの「嚙みつく」という行為も，自分の遊びを思うように遊び込めない状況やそれを邪魔する他者への苛立ちをケイタなりに表現していたものだったのかもしれません。しかし，そうした行為も，もし，「攻撃的な性格だから」とか「家庭で満たされていないから」というようなレッテルを貼ってしまっていたら，彼の行為をそうした枠からのみ見てしまい，それ以外の可能性を探ろうとしなくなってしまっていたのではないでしょうか。そうした見方は，その行為を通して，その子が表現してくれているものの「意味」を見落としてしまうことにもなりかねません。

　先入観をまったく排して物事を見るということは不可能なことかも

しれませんが，自分のなかにある先入観や固定観念が，時として，物事を理解する際の妨げになる危険性があるものであることを知っておくことは必要ではないでしょうか。それが，子どもの姿を見る時に，安易に決めつけることを避け，一歩立ち止まって，その子の姿や行為が表現してくれていることを謙虚に探ったり，その「意味」を，その都度，その子の立場に立って問い直し，個別的・共感的に探っていこうとする姿勢につながっていくのだと思います。

❹状況や関係のなかでの「意味」をとらえる「まなざし」

　子どもの行為の「意味」を個別的・共感的にとらえるということは，ただ単に，その子の行為を好意的・肯定的に見ればいいということでもありません。たとえば，ある子どもがいつも三輪車に乗っているからといって，「○○君は三輪車が大好きなのね」と微笑ましくとらえることが，その子どもを共感的に理解したことにはならないのではないでしょうか。

　もちろん，その子が三輪車に乗って風を切ることの心地よさやスピード感を純粋に楽しんでいる場合もあるでしょうが，それ以外にも，さまざまな可能性が考えられます。たとえば，もしかしたら，その子は，他の子どもたちに仲間に入れてもらえず，1人でいる自分を目立たせないために，「とりあえず」三輪車に乗っているのかもしれません。あるいは，自分のかかわりたい相手や遊びにアプローチしていくための1つの「道具」として三輪車に乗っているのかもしれません。「いつも三輪車に乗っている」という行為が，その時のその子どもにとって，どのような「意味」をもっているのか，これはその時のその子どもとその子どもを取り巻く周囲の人やモノ，場との関係がどのようになっているか，その状況や関係を読み解いていくことで，初めて見えてくるものであると考えられます。そうでなければ，ただ表面的な行動から「○○が好き」とレッテルを貼ってしまうという点では，いかに好意的・肯定的に見ていたとしても，それは「概念的理解」になってしまうのではないでしょうか。

　子どもにとっての「意味」を探るためには，ただ，その子どもだけを注視して，その子どもに目を向けるだけでなく，その子が取り巻かれている周囲の関係や状況に目を向け，それらの周囲の人やモノや出

来事とのどのようなかかわりのなかで，その姿や行為が生み出されているのかを見ていく視点が必要になります。子どもの行為の「意味」を理解するためには，その「子ども」を見るだけではなく，その子どもの置かれている「状況」を，その子の立場から見ていくまなざしが必要なのです。

第4節 子ども理解の基盤としての「カウンセリングマインド」

❶「カウンセリングマインド」とは何か

　これまで述べてきたような一人ひとりの子どもの行為の「意味」を丁寧に読み取りつつ，それぞれの子どもの視点に立って保育を実践していこうとする姿勢や，そうした子どもを理解するためのまなざしは，近年，保育者の専門性として非常に重要視されています。文部省（現文部科学省）の「保育技術専門講座資料」においても，保育者の専門性は，「一人一人の幼児の内面を理解し，信頼関係を築きつつ，発達に必要な経験を幼児自らが獲得していけるように援助する力」にあると明記されており，さらに，そこでは，そのために「カウンセリングマインド」を理解し，保育の実践において生かしていくことが重要であると述べられています。

　東山によれば，「カウンセリングマインド」とは，「人間と人間の基本的信頼を築くために，カウンセラーがとる態度の基礎となるもの」であり，「人間と人間との基本的信頼に基づき，相手中心（クライエント中心）に心の問題を昇華させ，クライエントが自分の人生を自分のものとして生きていくのを援助する」という「カウンセリング」の営みのための基本的態度であるとされます。この「カウンセリング」の定義を読むと，カウンセリングと保育とは，その根底において目指すところやそのために求められる基本的な姿勢に関して共通している部分が多いように思われます。だからこそ，保育において子どもとかかわる上で求められる姿勢として「カウンセリングマインド」の重要性が注目されるようになってきたのでしょう。ただし，1対1の閉じら

▶5　このように，人の行為の原因を，そのものに内在する構造や特性（その人のもっているとされる「能力」や「個性」）で説明するのではなく，その「外側」の人，モノ，出来事などとの「関係の網目」のなかから探り出そうとする見方を「関係論的視点」と呼びます。こうした見方の重要性と意義については，下記の文献が参考になります。
　佐伯胖『幼児教育へのいざない』東京大学出版会，2001年
　佐伯胖・宮崎清隆・佐藤学・石黒広昭（編）『心理学と教育実践の間で』東京大学出版会，1998年

▶6　文部省「保育技術専門講座資料」1993年

▶7　氏原寛・東山紘久（編著）『幼児保育とカウンセリングマインド』ミネルヴァ書房，1995年

▶8　氏原寛・東山紘久（編著）同上書。

れた空間で「個」と向かい合うカウンセリングと，多様な他者とのかかわりに開かれた空間で営まれる保育の実践とでは，その実践の「場」のもっている性質には大きく異なる点もありますので，カウンセリングの基本的姿勢や態度を保育実践のなかでそのまま使うということではなく，それをどのように生かすことができるかを考えていく必要があると思われます。

❷保育のなかでの「カウンセリングマインド」

では，具体的に保育のなかでの「カウンセリングマインド」とは，どのようなもので，それが子どもたちのかかわりや育ちにどのように影響していくのでしょうか。具体的なエピソードをもとに考えてみたいと思います。

Episode 5-1

他者とのかかわりに難しさを抱えるアキヒコとの出会い

　この春，4歳児クラスに入園してきたアキヒコは，入園当初から他児とのかかわりに難しさを見せ，担任保育者であるS先生にとっても，気になる存在でした。生後間もなくから母親の育児放棄を受けて育ってきたアキヒコは，両親の離婚を機に父方の祖父母に引き取られ，それまで通っていた保育所から幼稚園へ転園してきました。

　幼稚園へ通いはじめた当初，アキヒコは他児に対して関心を示そうとせず，全くかかわろうとしない上に，そばに寄ってきた他児に対して，「～してんじゃねえよ！」「～すんな！」と大声で凄む様子を見せるため，同じクラスの子どもたちも怯えてしまいアキヒコのそばに近寄らなくなっていきました。その一方で，保育者の前では赤ちゃん言葉で甘える姿があり，その二面性にも保育者は戸惑いを覚えていました。

　クラスでは他児に話しかけたり，かかわるような姿は全く見せないアキヒコでしたが，園内で唯一，自分からかかわりをもとうとする相手がいました。それが3歳児クラスのユウタでした。ユウタはアキヒコの家の近所に住んでいたため，幼稚園に入園してくる前から，何度か自宅で一緒に遊んだ経験があるらしく，幼稚園でも，登園するとすぐに自分のクラスを出て，アキヒコの方からユウタを探しに，ユウタのクラスに行く姿が毎日のように見られるようになっていました。そして，「ユウタ～。遊ぼう」と誘いに来るアキヒコをユウタも待っていて一緒に遊ぶ姿がよく見られていました。

　しかし，アキヒコはユウタのクラスに行っても，ユウタ以外の子どもたちがそばに来たり，自分たちの遊びに加わろうとすると，黙ってそれを拒否したり，

強い口調で威嚇する姿がしばしば見られ，やはりユウタ以外の子とかかわる姿はなかなか見られませんでした。また，そんなアキヒコの威嚇やモノの取り合いのトラブルなどで泣いてしまう子などが出てくると，ユウタのクラスの担任保育者が間に入って，事情を聴いたり，アキヒコに相手の子どもの思いを伝えようとするのですが，アキヒコはそうした場面では全く保育者と目を合わせようとせず，口を閉ざして，身体を硬くしたまま保育者の話を聞いていました。そして，その後，保育者から解放されて1人になると，1人で足を床に打ちつけてやり場のない思いをぶつけているかのような姿を見せていました。

また，その頃のアキヒコはユウタ以外の他児の名前を呼ぶことは一切なく，必要に迫られて誰かに声をかける時には「ねえ，そこの人」などと呼んだり，保育者と話す時にも「あそこの人がね」と言っていました。S先生は，そんなアキヒコに「○○君だよ」と相手の名前をその都度伝えていくようにしていましたが，そう教えられるそばから，「そこの人がね」と話し，他児の名前は一切呼ぼうとしなかったのです。

ユウタ以外の他児を徹底して拒絶するかのような姿を見せていたこの頃のアキヒコに対して，S保育者は彼の思いを理解したいと思いつつ，なかなかそれをつかむことができない戸惑いと悩みを抱えていました。

彼の姿が，その複雑な生育歴や家庭環境から生まれてきたものであろうことは推測されるものの，これからのアキヒコと周囲の子どもたちとの関係をどのようにつないでいけばいいのか，アキヒコが他児とかかわることに喜びを感じたり，他児の痛みや思いに気づいていけるようになるためにどのような援助ができるのかを一生懸命考えながらも，なかなか手がかりが見当たらず悩んでいたのです。

保育において子どもを理解するとは，医療の「診断」のように何らかの「原因」を特定することが目的ではありません。今，その子が抱えている難しさ，生きづらさがどこにあり，そのためにどのような援助が必要なのか，それは「原因（と思われるもの）」がわかったからといって簡単に答えが出るものではなく（もちろん正解があるわけでもありません），そこに保育の難しさがあるのだと思われます。S先生もそうした難しさを感じ，悩む日々が続いていました。しかし，そんなある日，それまでにないアキヒコの姿が見られた場面がありました。

Episode 5-2

保育者に支えられ広がっていくイメージの発信

　お弁当が終わるとアキヒコはいつものようにユウタのクラスの保育室へ行き，入り口のテラスから「ユウタ，遊ぼう」と声をかけました。ユウタもすぐに出てきて，2人で年少クラスの園舎と年中クラスの園舎を結ぶ渡り廊下の脇にある三輪車置き場に行き，三輪車を出してきましたが，外は小雨が降っていて，園庭では遊べそうもありません。ユウタの担任保育者が通りすがりに2人の様子を見て，「雨だからお外には出ないでね」と声をかけていきました。それを聞いて，アキヒコは屋根のある三輪車置き場のなかで三輪車に乗りはじめましたが，狭いスペースの三輪車置き場のなかでは，ほんの数メートル進んでは行き止まりになってしまいます。アキヒコは上手にハンドルを切り替えながら運転するのですが，進んでは止まり，少しボーっとしては，また思い出したように三輪車を進め，時折，「ブブー」と擬音を発しているものの，だんだんその声も小さくなり，手もち無沙汰のように止まったままボーっとしている時間が長くなってきていました。

　その時，たまたまその渡り廊下に，S先生が同じクラスのカズトとともに通りかかりました。そして，アキヒコとユウタの姿を見つけ，「アキ君ここにいたんだ……」とつぶやくと，引き寄せられるかのようにその場に立ち止まり，しばらくアキヒコの様子を見ていました。すると，そのS先生の姿を見て，それまで三輪車を停めたまま乗っていたアキヒコが「ブウン，ブブ……」と小さな声を出しながら，三輪車を少し前へ進めました。その声を聞いて，S先生と一緒にアキヒコの方を見ていたカズトが，S先生に「ブウン，ブブだって」と笑い，「あれなんだろう」と尋ねました。S先生は「なんだろうね。オートバイかな」と小さな声でカズトに答えましたが，それがアキヒコにも聞こえたのでしょうか，次の瞬間，アキヒコは「ブウ〜ン，ブブ」と先刻よりも少しだけ大きな声で，三輪車を漕ぎはじめました。それを見ていたユウタも「ブウン，ブブ〜」とうれしそうに声を出しながら，アキヒコの後をついて勢いよく漕ぎはじめます。

　狭いスペースのため，アキヒコもユウタも少し進んでは壁や別の三輪車にぶつかりますが，そのたびに，バックしたりUターンしたりしながらも次第に勢いを増していきます。そんなアキヒコたちの様子をS先生は笑いながら見て，「やっぱりオートバイだね」とカズトに伝えます。それを聞いて，アキヒコはますます勢いよく大きな声で「ブウン，ブブ！　ブウン，ブブ！」と繰り返しながら，うれしそうな表情であちこちにガタンガタンとぶつかりながら三輪車を漕ぎ回りはじめました。

　その翌日から，アキヒコはユウタを誘いに行くだけではなく，ユウタを誘って三輪車に乗るようになっていきました。そして，通りかかる人や他児に「ここがガソリンタンクで，これがブレーキで」とオートバイのパーツに見立てて，三輪車の説明をしてくれたり，「ブブー」「キキー」と多様な擬音とともに三輪車を乗り回しはじめたのです。

ここでのアキヒコの変化は，S保育者がアキヒコたちの遊んでいる様子に目を留め，その場へ心を寄せて見はじめたことから生まれはじめました。
　それまでのS保育者は，アキヒコに対してクラスに居場所を見つけて，クラスの他児とかかわりを深めていってほしいと願いつつも，アキヒコが唯一かかわりを求める年少児のユウタとの関係も，アキヒコにとっては大切な拠り所なのではないかと考え，ユウタのクラスの担任保育者とも相談しつつ，毎日のようにアキヒコがユウタのクラスに遊びに行き，そこで過ごして来るのを制止することなく見守っていました。そして，アキヒコが何をして過ごしていたか，何に今興味をもっているのかなどを毎日ユウタの担任保育者に聞くようにしていました。そんなS保育者だからこそ，この日通りかかって偶然見かけたアキヒコに対しても，すぐに保育室に戻るよう声をかけるのではなく，彼がユウタと一緒にいる姿に心を寄せ，興味深く見守ることができたのでしょう。そして，アキヒコもS保育者のそんな「まなざし」を感じ取りながら，S保育者の言葉に呼応するかのようにどんどん遊び方が変わっていきました。実は，それまでのアキヒコは，ユウタを誘っても遊びのイメージやアイディアを提案するのはいつもユウタの側で，アキヒコはそのユウタのイメージをなぞりながら遊んでいることが多かったのです。しかし，この日は，自分に心を寄せ，自分の見立て（オートバイの擬音）を拾い，肯定的・受容的に見守ってくれるS保育者の存在が，アキヒコの見立てを支え，引き出していってくれたようにも見えました。

Episode 5-3

応答的な関係の出現

　アキヒコが三輪車をオートバイに見立てて乗りはじめると，ユウタのクラスの数人の男児たちがその様子に興味をもって見に来るようになりました。そして，次第にそれぞれが三輪車に乗って，アキヒコの後ろをついて回るようになったのです。アキヒコを先頭にユウタが続き，その後ろに４，５台の三輪車が連なって移動していく姿は微笑ましく，「三輪車隊」として園内でもあっという間に評判になりました。
　その「三輪車隊」のなかに，年少クラスでも最も月齢が低く身体が小さいリョウもいました。リョウは三輪車のペダルを踏み込むにはまだ十分に足が届かず，ペダルを漕ぐよりも地面を蹴りながらみんなの後をついて回っていたのですが，ある日，たまたまアキヒコが２人乗りの三輪車に乗っていた時に，すっ

とアキヒコに近づくと，その後ろの席にちょこんと乗りました。アキヒコは特に拒絶しないものの，リョウに話しかけることもなく，後ろにリョウを乗せたまま三輪車に乗っていました。しかし，翌日になると，朝早くからまっすぐ三輪車置き場へ向かい（それまではユウタをクラスに迎えに行ったり，少し園内を歩き回ったりしてから三輪車に乗っていたのですが），園内に1つしかない2人乗りの三輪車を確保して漕ぎはじめたのです。少し遅れて登園してきたリョウは，アキヒコが2人乗りの三輪車に乗っているのを見ると，まっすぐアキヒコのところへ行き後部座席に座りました。

　その日以降，アキヒコは2人乗りの三輪車に乗って，リョウの保育室の前のテラスへリョウを迎えに行くようになりました。そして，リョウを後ろに乗せながら，「この子，リョウちゃんっていうんだよ」と通りかかる保育者を一人ひとりつかまえてはリョウを紹介するようになったのです。また，後ろを向いてリョウの顔を覗き込みながら「今日は一緒に遊ぶんだもんな。な。」と念を押すようにリョウに声をかける場面がたびたび見られるようになっていきました。

　このリョウの名前を呼びはじめたことを契機に，それまで他児の名前を呼ぼうとしなかったアキヒコが，突然，「三輪車隊」の他の子どもたちの名前やクラスの他児たちの名前を呼びはじめました。ほんの数日のうちに，非常に多くの子どもたちの名前が彼の口から出たことから，彼がそれらの子どもたちの名前を呼ぶ前から知っていたのだろうということも推測されました。では，なぜ，それまで「そこの人」としか呼ばなかったのでしょうか。それはアキヒコにしかわからないことですが（アキヒコも意識していなかったことでしょうが），人の名前を呼んだり，特定の相手とのかかわりに執着することは，相手が応えてくれる確信があってはじめて可能になるものかもしれません。私たちは日常，何気なく相手の名前を呼んで呼びかけていますが，その裏には，その呼びかけに応えてくれるであろうという相手への信頼があるのではないでしょうか。それまで他者とのかかわりに対してどこか不安や不信感を抱え，かかわりを拒否することで自分を保ってきたアキヒコにとっては，リョウの存在は，元々かかわりのあったユウタ以外ではじめて，幼稚園のなかで自分に応えてくれる他者として信頼できるものになったのかもしれません。アキヒコは，その後，そんなリョウとのかかわりを重ねるなかで，リョウに痛い思いをさせてしまった後，リョウを気遣って，そっと声をかけに行くなど，それまでには見られなかった他者を気遣う行動も見られるようになっていきました。

また，リョウ以外の他児たちとのかかわりも次第に広がっていったのです。

❸カウンセリングマインドに支えられ生まれる子どもの変容

カウンセリングにおけるクライエント中心療法を提唱したアメリカの心理学者カール・ロジャース（Rogers, C. R.）は，カウンセリングにおけるクライエントの変化を促進するためには，下記の3つの構成要素が必要であると述べています。[9]

> 第1の要素は純粋性，真実性，一致性である。純粋性とはセラピストが自身の内面でその瞬間瞬間に流れつつある感情や態度に十分ひらかれており，ありのままであるということである。
> 　変化のための風土をつくるために重要な第2の態度は受容であり，心を寄せること，あるいは尊重すること，つまり無条件の肯定的配慮である。
> 　クライエントがその瞬間にどういう状態であっても，セラピストがクライエントを肯定的に，非判断的に受容する気持ちを経験しているならば，治療的な動きあるいは変化がよりおこりやすくなる。
> 　関係を促進させる第3の局面は共感的理解である。これはクライエントが体験しつつある感情やその個人的な意味づけを，セラピストが正確に感じ取っており，この受容的な理解をクライエントに伝えるということである。

【Episode 5-1】の頃，S保育者はアキヒコの行為や姿をどう理解していけばいいのかわからずに悩む日々を送っていました。

保育のなかでは，時として，どのように受け止め，理解すればいいか難しさを感じる子どもの姿と出会うこともあります。「理解したい」という思いで，一生懸命子どもを見つめ，考えてもわからないということもあります。しかし，前項でも触れたとおり，保育のなかでの理解とは，決して「正確な」理解を目指すことが目的とは限らないのではないでしょうか。

秋田は，「『子ども理解』という言葉が，子どもについてわかることが望ましいこと，なんでもわかってしまわねばならないといった形で語られ，良い養育者になろうと大人が『理解の呪縛』に縛られることが，子どもたちを『まなざしの呪縛』に陥れているのではしょ

[9] H. カーシェンバウム他，伊藤博他（訳）『ロジャース選集』誠信書房，2001年

うか。大人とは異質な他者としての子どものわからなさへの畏れ，秘密への魅力，わかろうとしつつも，わからなさに気づいたときに，保育が教え学びから，共にはぐくみ合う関係性へと変わるのではないでしょうか」と述べ，子どものすべてをわかろうとする（あるいは，わかるべきだとする）大人の姿勢に対して警鐘を鳴らしています。

▶10 秋田喜代美『保育の心もち』ひかりのくに，2009年

　子どもも私たちとは異なる人格をもった1人の他者であり，そのすべてを「わかる」ことはできません。1人の他者としての尊厳に敬意を払うのであれば，「わからない」ことは当然のことではないでしょうか。「わからない」からこそ「わかりたい」と思うのであり，「わかろう」とするのだと思います。「わからない」ことを安易に「わかったつもり」になるような「答え」を見つけるのではなく，その「わからなさ」に耐えつつ，まずはその子に心を寄せること，その子の思いに寄り添おうとする姿勢こそが大切なのだと思います。それが子どもに伝わった時，子どもの側から見せてくれる姿が変わってくることもあるでしょう。

　重要なのは「正確に」わかったかどうかではなく，「わかりたい」という思いをもちつつ，誠実にその子の世界に心を寄せていく姿勢（カウンセリングマインド）なのではないでしょうか。そうした姿勢をもって，一人ひとりの子どもの側からともに世界を見て，その子の経験していることをともに味わい，抱えている課題をともに考えていくことこそが，子どもとの関係のなかで，その子の変容を支える契機となったり，結果として，それぞれの子どもの主体的な育ちを生み出していくことにもつながっていくのだと思われます。

第5節 子ども理解を深めるために求められるもの

　これまで述べてきたような，一人ひとりの子どもの育ちを支えていくために，それぞれの子どもに寄り添いながら子どもの姿や行為の「意味」を読み解いていけるような，深い子ども理解に根ざした「まなざし」を獲得していくためには，常に自らの実践を振り返り，そこで見られた子どもの姿や行為を丁寧にとらえ直し，そこでの自分のかかわりの意味を問い直す「省察」が必要となります。

その時々の子どもの思い，その子の経験していることの意味を，子どもの見せてくれた姿から問い直していく営みは，その子どもの立場に立ち，それまでの自分のとらえ方や理解していたと思っていた見方と自分のなかで改めて対峙し「対話」していくプロセスであると考えられます。そうした子どもの姿や行為との「対話」を積み重ねていくことによって，初めて自分の子どもを見る「まなざし」や保育の幅を広げていくことができるのではないでしょうか。

　また，そのためには，自らの見方を自分で振り返る自分自身との「対話」だけではなく，多様な他者と実際に「対話」し，その他者の視点や見方に触れながら，自分の見方を問い直していくことも非常に重要です。たとえば，同僚の保育者や，保育の場とは異なる子どもの姿に日々接している保護者の見方，さらには，保育とは異なる専門性や視点をもった多様な専門家（心理や障害の専門家）などとの「対話」を通して，自分の枠組みやまなざしを，より幅広い視点から改めて検討したり，修正していくことによって，自分の子どもを見るまなざしを広げ，深めていくことが可能になります。こうした多様な他者との「対話」を通して，自らの子ども理解を深めていく過程については，またこの後の各章で詳しく触れていきますが，どのような場合においても，保育者として，常に，子どもや他者に対して柔軟で謙虚な姿勢をもち続けていくことが求められているのだと思われます。

さらに学びたい人のために

・青木久子・間藤侑・河邉貴子『子ども理解とカウンセリングマインド』萌文書林，2001年
　日々の保育という実践を通して子どかかわるなかで，保育者がカウンセリングマインドをもって子どもを理解していくために必要な姿勢や視点について勉強になります。

・佐伯胖『幼児教育へのいざない』東京大学出版会，2001年
　「保育」という営みのもっている面白さと奥深さについて感じさせられる本です。自分の「まなざし」が子どもにとってどのような意味をもっているのかを考えさせられます。

・津守真『保育者の地平——私的体験から普遍に向けて』ミネルヴァ書房，1997年
　ある養護学校における保育の実践のなかで筆者が出会った子どもたちの姿やその子どもとのかかわりを通して，一見何気なく見える子どもの行為がもっている深い意味と，保育者という存在の意味について深く考えさせてくれる本です。

演 習 問 題

1. 幼稚園や保育所における実習を振り返り,数人のグループに分かれて,各自,自分の最も印象に残っている出来事やかかわり,出会った子どものことについて,1つの場面を取り上げ発表してみましょう。そして,その場面における子どもの行為ややりとり,またその周囲の状況などについて,もう一度丁寧に思い起こせるよう,グループのなかでより詳しく質問し合い,相手の記憶を引き出す手助けをしてみましょう。その上で,その事例をもう一度みんなで振り返り,その当時は気づかなかった子どもの行為に隠されたその子の気持ちや,自分のかかわりがその子にとってもっていた「意味」について考え直してみましょう。
2. さまざまな保育に関する実践のビデオ記録を観て,その場面における子どもの行為に焦点を当て,その行為の背後にある子どもにとっての「意味」について,グループディスカッションをしてみましょう。

第2章

子どもの発達理解

　幼稚園や保育所などの保育施設は何のためにあるのでしょうか。また，そこには専門性を備えた保育者という人がなぜ存在しているのでしょうか。それは，子どもたちが望ましい方向に発達する条件を整え，発達の状況を見定めながら，その子に合った働きかけをするためです。しかし，何が望ましい発達であるかというと，保育者により，保護者により，考え方に大きな違いがあります。特に，近年の発達に関する研究では，これまで私たちが常識的に考えていたものとは大きく異なった知見が提出されています。この章では，それがどのようなものであるか，また，発達の考え方の違いによって保育者の働きかけがどう違ってくるかを考えてみたいと思います。

赤ちゃんは何もできない白紙の状態で生まれるの

だから私たちのかかわり方が大事なのね

でも最近の研究じゃけっこう目も見えてるし…

ん？

能力をもって生まれるってわかってるんだヨ先生

Work 1

次のAとBの2人の3歳児の事例を読んで、あなたは、どちらの子どもに共感をおぼえますか。あなたが共感する理由もあわせて考えてみてください。

次に他の人はどう考えるか、小グループで、さらにクラス全体で話し合ってみましょう。そこで他の人はどう考えているのか、自分とは違う意見も参考にしながら、自分の意見を再構築してみましょう。

〔A児〕

好みがはっきりしていて、保育者が提示する活動、あるいはみんなが一斉にやっている活動にはなかなか取り組もうとしないが、興味のあるものは、じっくりと取り組んでそのうちエキスパートになっていく。しかし、現状ではできることにややアンバランスがみられる。

〔B児〕

保育者が提示する新しい活動に次々と取り組み、広範囲の活動ができるようになっていく。しかし、どの活動も「いっちょあがり」という感じで終わり、それぞれの活動には、あまり執着しない。

第1節　「発達」と「育ち」

Work 2

日常生活のなかで、あるいは専門的な学習のなかで、私たちは「発達」という言葉や「育ち」という言葉をどのように使っているでしょうか。また、子どもをもつ親の場合は、これらの言葉を日常生活のなかでどのように使っているかを調べて書き出してみましょう。

　組織的な研究会などの場合を除いて、保育者は日常の保育のなかで「あの子の発達は……」というような言葉を一般的には使いません。そうではなく、「あの子は最近急に育ってきた感じがする」とか「あの子の育ちはどうも遅い」などの言葉を使います。また、家庭の両親も「うちの子はちゃんと育っているでしょうか」というように、ほとんどの場合、「育ち」という言葉を使います。

　竹内（浜口）は、「発達」と「育ち」の違いについて、①語感、②

▶1　竹内（浜口）順子「発達への問いと保育」森上史朗（編）『新・保育入門』ミネルヴァ書房, 1993年, pp. 145-154.

関係性，③時間性，④契機‐ファクター，⑤対概念‐反対の状況の5つ側面をあげ比較しています。

　竹内によると，①の語感という側面では「発達」は固い，概念的な感じがするのに対して，「育ち」はやわらかい，生活に根ざしたいろいろなイメージがそこに含まれた言葉として感じられるとしています。②の関係性という側面では，「氏より育ち」ということわざに象徴されるように，「育ち」は育つ子ども本人と育てている周囲の人々や環境との相互作用を前提としているのに対して，「発達」は発達する主体のみに焦点が当てられているように感じられるといいます。

　また，「発達」は子どもを見ている側から切り離し，向こう岸に置いて，客観的に把えようとするのに対して，「育ち」では育てる人が育ちにかかわっており，育ちに当たるものとして，それにまき込まれているというニュアンスがあるといいます。③の時間性という側面では，「発達」は起点から出発して「どこかに到達する」という意味を含んでおり，そこでは到達するのは「どこか」という「望ましい姿」がイメージされています。出発点から到達点までの時間的経緯が，発達のプロセスということになります。

　このスタートとゴールの間のプロセスを，多数の人間の平均値をもとにして区切り（＝発達段階といわれている），それに照合して，その子の現在の伸びぐあいを評価するというのがこれまでは一般的でした。これに対して「育ち」という場合は，過去から未来へという均等割りの時間軸を前提としないで，現在，進行中で成長しつつあるその育ちに立ち合っている保育者や親の今ここでの「実感」や「見え方」に焦点を当てることだといいます。

　この問題は，次の節でふれる「発達段階」と「発達過程」ということと関係した問題です。④の契機‐ファクターとは，発達を生じさせる契機（ファクター）をどう見ているか，何がそれを生じさせているかという問題です。従来の発達のとらえ方であれば，「何かができる」という目に見える行動にあらわれた視点から評価されることが一般的でした。そうなると子どもの能力を探索，運動，社会性，言語……というように細分化された尺度にもとづき，その尺度のどの位置に到達しているかを客観的にはかるということになります。このような評価とは違って，親や保育者がその子と主体的にかかわって，そこで実感した子ども全体の変化，人間的な育ちは，客観的な発達とは異なったものがあるというのです。

➡2　⑤の対概念‐反対の状況については省略しますが，これらの「発達」と「育ち」の共通性，差異性に関心のある方は，➡1の文献を読んでみてください。

第2節 「発達段階」と「発達過程」

　従来，人間の発達の状態を示すものとして一般的に「発達段階」という用語が用いられてきました。幼稚園教育要領や保育所保育指針でもそれらの用語が使用されてきました。しかし，最近では発達段階に替わって，「発達過程」という用語が使用されるようになりました。その背景には，発達段階には，竹内（浜口）らも指摘するように今ここで育ちつつある状況や，発達の前後のプロセス，育てるものと育つものとの関係性などへの考慮が希薄であることなどへの反省があります。また，発達段階の根底にある考え方には，人間を尺度化し，平均的基準からどれほどの位置にあるかということで発達をとらえようとする問題点があります。つまり，そこでは人間の能力を細分化し，多数の人間を対象に人間の発達を数量化して尺度上に位置づけ，その平均を基準として「発達段階」を設定して，その基準にあわせて，人間の発達を「進んでいる」「平均的」「遅れている」などと評価してきたのです。

　ところが現在では，尺度化された発達段階として評価するのではなく，その発達のプロセスに目を向ける必要があるという考え方が重視され，「発達段階」に替わって「発達過程」という用語が用いられるようになってきたことは前述した通りです。

　では，発達過程は発達段階とどこがどのように違うのでしょうか。発達過程では，発達は結果のみではなく，発達のプロセスをどのように踏みつつ，そこで足踏みしたり踏み固めていっているかという連続的で動きのあるものとしてとらえるのです。

　発達のプロセスを踏み固めるということでは吉村が歩行ができるようになるプロセスについて，きわめて興味深い観察記録をしているので次にそれを引用してみます。[3]

> ○まだ首のすわらない1，2か月頃でも，寝ていて手足をさかんに動かし，小さな握りこぶしをでたらめに振りまわしたり，いつの間にか上掛けのタオルを足でけってぬいでしまったりして「なんと元気な，男の子みたい」と両親をたのもしがらせた。また，頭もあちこち向けたりして，寝ていてもできる運動をさかんにしている。

→3　吉村真理子『0〜2歳児の保育手帳』あゆみ出版，1960年

○首がすわると，膝の上に抱いて立たせるとさかんに足でけったり，膝を曲げたりして，足で体重支えるという準備運動をしている。また，腹ばいにさせてみると，頭や肩を持ち上げ，胸をそらせたり，うつ伏せのままおなかを軸にして回り，いつの間にか位置をかえていたりする。
○寝たまま身体を左右に向けたり，そり返ったりしてついに寝返りに成功する。周囲の大人たちの警戒体制強まる。
○腹ばいのまま頭や胸を腕で支えたり，足先に力を入れて突っ張ったりし始める。
○座らせるとちょっとの間座っていたり，そのまま横ばいになったり転がったりする。
○物につかまって立つ。つかまったまま，立ったりしゃがんだりしている。足腰のバネを強め，バランスの感覚をつかんでいるのであろう。
○そのうち手すりにつかまって慎重に横歩きで移動している。
○手押し車やいすにつかまって足を交互に運んで歩く練習をしている。
○はいはいが上手になり，四つんばいですばやく動き回っている。膝を曲げて，左右交互にすばやく動かす練習とともに，平面の偵察をしているといえようか。
○ちょっと手を離してみる。身体が前後にゆれているが，それをふんばって耐え調子をとっている。すぐしりもちをつくが，またくり返し練習を始める。
○そしていよいよ慎重に第一歩をふみ出した。

　この観察と記録にもとづいて，吉村は「どの段階をとってもみな大切な部分であり，どれかを省略して早く次へ，ということが誤りであることがわかる」と述べています。
　さらにプロセスとしての発達では，その子どもの部分的な発達だけでなく，他の機能など全人格的な人間として発達をとらえる必要がありますし，また今，ここで発達にかかわっている保育者や親などの相互交渉も重要な契機としてとらえる必要があります。
　また，発達のプロセスではその子なりのプロセスをふむことが強調されています。「発達段階」でも「個人差に応ずる」とされてはいましたが，それは単一の道筋をたどるという前提に立っており，その路線の上を早く進んでいくか，遅く進んでいくかという次元の序列化としてとらえられていたにすぎませんでした。しかし，現在では発達のコースは単一ではなく幅があり，もっと多様で柔軟性のあるものと考えられています。たとえば認知的機能の発達ということでは，アメリカの心理学者ガードナー（Gardner, H.）によると，人間にはさまざま

な側面の知能があり、どのような方向で知能が発達していくかは、その人の育つ環境や受けた教育、かかわる人からの影響などによって異なってくるといいます。その1つの方向性として、彼はパタナー（patterner）としての方向と、ドラマティスト（dramatist）としての方向をあげています。パタナーは物事を整理して、論理的に考えたりするのが得意で、何かを組み立てたり、法則どおりに物事を進めたりする傾向があります。これに対してドラマティストは、そのものの属性にはとらわれずに、それにかぶせる物語のようなものが先にあって、そこにあるものや人を自由に見立て、自分の世界に組み込んでいくということが得意で、自分がそのときに感じたことや思っていることの面白さをいろいろな方法で表現するのがうまいのです。

ガードナーは、これをタイプとしてとらえるのではなく、人間はどちらの要素も備えているのですが、方向性としてどちらが強くあらわれるかは、保育や教育に依存する部分があり、今の保育や教育の世界では、パタナーの方に傾き、ドラマティストを切り捨ててはいないかといっています。

▶4 Gardner, H., *Frames of Mind,* Basic Books, 1983.

▶5 森上史朗「最近における発達観の変化と保育」『発達』86、ミネルヴァ書房、2001年、pp. 2-8.

第3節 発達における内側と外側

私たちは日ごろ他人を理解するのに、外にあらわれた外見や行為、あるいは場面状況への対処の仕方などを見て判断しています。しかし、人には「外なる世界」と「内なる世界」があり、「外なる世界」は比較的とらえやすいのですが、「内なる世界」をとらえるのは困難な場合が多いのです。

津守が愛育養護学校での実践をまとめた『保育者の地平』のなかに、その「内なる世界」と「外なる世界」の関係がよくわかるエピソードが記録されていますので紹介してみます。

▶6 津守真『保育者の地平――私的体験から普遍に向けて』ミネルヴァ書房、1997年、pp. 119-120.

> 3歳のS子は、はさみの刃を両側に開いたまま紙にあてて切ろうとしていた。その子は一週間前にははさみで紙に刻みをいれたが、この日ははさみを使うコツを思い出せないでいるように思えた。私が親指と人さし指とをはさみの把手に入れてあげると、S子は苦心して紙を切りはじめた。切りやすいようにと私が紙をおさえると、私の手をふり払い、自

> 分でやろうとする。うまくゆかなくとも，自分で注意を集中し時間をかけてそのうちに切ってしまった。この場合も，はさみで紙を切れたかどうかという外的視点だけが発達の見方なのではない。まして，次には輪郭に沿って切れるようにしようとするのが発達的観点なのではない。出来上がりは拙くとも，自分で切ろうとし，注意を集中し試みるところに子どもの側の発達がある。
>
> 　6歳のA子は，何年も遊びなれたクラスルームで遊ぶことを好む。A子はこの部屋ではいまわり，立ち上がり，歩くようになった。庭や他の部屋に連れ出そうとすると声を上げていやがる。それでも私共担任は，空間をひろげることが発達上望ましいことと考えて，一日に一度は他の部屋に連れてゆこうと話しあったこともあった。けれども，その話はその時かぎりで2日とつづいたことはない。A子はいつも過ごしているクラスルームの中で満ち足りている。自分からその空間の外にゆこうと思わない限り，むりに連れ出してもこの子の世界が広がったことにはならないだろう。この子の眼が外に向いたとき，たとえ部屋から出なくともその世界は広がったといえるだろう。

　私たちはとかく外的視点から発達をとらえる傾向があるのですが，このようなエピソードからは外的変化に目を奪われるのではなく，それをやっている子どもの内面に目を向け「内なる発達」をとらえることの重要性が見えてくるのではないでしょうか。

第4節　能力論的発達と行為論的発達

　最近の発達研究におけるもっとも大きな転換は，能力論的発達観から行為論的発達観への転換だといってもよいでしょう。

　古い心理学では，人間の発達を「できるか」「できないか」ということでとらえるいわゆる"能力論的発達観"が中心でした。それに対して，最近では，「できる」ことを使って，実際にどう「やっているのか」あるいは「できる」ことが本人のなかにどう位置づいているのかというようなことが，重視されるようになってきています。本人のなかに位置づくとは，それがその子の自信や自己肯定感になっているのか，それとも優越感になっているのかというような"行為論的発達観"へと転換してきているということです。また，行為論的発達観で

は「できない」としても、それをその子自身がどう受けとめているかが問題となります。つまり、それは今の自分の発達の課題ではないと考えているか、あるいはそれがその子に重くのしかかる劣等感になっていないかというような、「できない」ということを本人がどうひき受けているかが問われます。つまり、「できる」とか「できない」ということに、「自我」というものがどう関係しているかというとらえが重視されることになります。津守は、自分が作成した発達診断法の結果を「できる」か「できない」かという能力論的な観点でとらえるのではなく、結果を「自我」という観点で再解釈ことの必要性を強調しています[7]。そうした観点から、教育要領や保育指針では「自我」の発達ということを強調しているのです。

[7] 津守真「発達診断法」前川喜平・三宅和夫（編）『発達検査と発達援助』発達別冊8、ミネルヴァ書房、1988年

第5節 物語るものとしての発達

　保育のなかで子どもの発達をとらえる際に最近では従来のように、1学期、2学期、3学期というようにかなり時間的な隔たりをおいた時期での発達の結果の変化の度合いを比較するというようなことは少なくなってきているように思われます。特に、発達の結果ではなく発達の過程をとらえようとするなら、日々保育のなかでの子どもの行動の観察をしっかりやって、エピソードをとり出して解釈するということを重視しなくてはなりません。しかし、これもやり方によってはあまり意味のない徒労に終わってしまうことがあります。

　かつて、保育現場では子ども理解のため、あるいは発達理解のために、日常保育のなかで起こる事象を細大漏らさず客観的に記録するという方法が流行したことがありました。それは当時の心理学での観察と記録の方法を心理学の研究者が保育現場にもちこんで普及させたことにそのルーツがあるといわれています。しかし、そのような客観的な行動記録はいくら積み重ねても、そこから個々の子どもを理解したり、その子どもの発達を把握するということの示唆を引き出すことは困難であるということがわかってきました。

　佐藤[8]は社会学におけるフィールドワークでは、見たままの姿をカメラのように記録するという程度の"薄っぺらな記述"ではなく、その

[8] 佐藤郁哉『フィールドワーク』新曜社、1992年

行為が埋めこまれている生活全体の文脈をときほぐしていけるような"分厚い記述"が必要であるといっていますが，保育のなかで，子どもの発達をとらえる場合も同様のことがいえるでしょう。佐藤は"薄っぺらな記述"の例として家の前でバットを振っている一人の男の記述をあげていますが，非常に参考になります。

> ×月○日16時34分50秒から53分23秒にかけての観察。○○町5丁目の富士見坂の街角。40代後半とおぼしき額がややはげかかった男が両脚を肩幅よりやや広めに開き，バットを振っている。観察時間の間にバットが振られた回数は少なくとも35回。(後略)

　これは主観を避けた古い心理学における記録と同じですが，これではこのバットを振っている男の行為の意味はわかりません。それが読み取れないのであれば，どんな詳細な記録をとっても意味はないでしょう。保育の記録においても事情は同じです。行為の意味を解釈して読み取り，それを含めて記述していくのが"分厚い記述"というものです。

　子どもの発達をとらえようとする場合，「できる－できない」でなく，「できる」ことのその子にとっての意味，「できない」ことのその子にとっての意味をとえることが，重要であることはすでに指摘した通りです。そのためには，私たちが子どもの発達をとらえようとする場合，その子どもの保育のなかでの「行為の意味」を知らなくてはなりません。それがわかるのは，その時1回限りの断片的な観察だけではなく，日ごろからその子の日常生活の行為の文脈をよく知っているからです。ある日に観察したり記録したものを，もっと長いスパンをとって見通してみると，その行為の意味がわかり，発達が見えてくるということがあります。

　1990年代以降，心理学における発達研究においても，従来のような個体の能力・特性・要素の寄せ集めとして人間を理解しようとするのでなく，人間同士が織りなす意味の脈絡の流れ，すなわち「物語」として人間を理解しようとする傾向が強くなってきています。意味の流れをとらえようとする時には，不断の流れのなかからその行為の意味が明らかになるような出来事を取り出す必要があります。それがいわゆる「エピソード」といわれるもので，意味のあるエピソードとは，断片的な出来事ではなく，その子どもの生活全体にかかわらせて意味

➡9　浜田寿美男『発達心理学再考のための序説』ミネルヴァ書房，1993年

の脈絡が読み取れるように記述したものであるということができます。そして，日々の保育のなかで，発達過程をとらえるためには，そうした意味のあるエピソードの記録がどれほどできるかということが，今保育者の専門性として強く求められているのではないかと思います。

さらに学びたい人のために

- 鯨岡峻・鯨岡和子『保育を支える発達心理学』ミネルヴァ書房，2001年
  わが国では心理学の立場で書かれた発達心理学の本はあふれるほど存在しています。それらと違って本書には保育に必要とされる発達の基本的な考え方や，保育者のかかわりと発達，保育者と子どもの相互作用などが，的確でしかもわかりやすい事例にもとづいて記述されています。
- 津守真『保育者の地平——私的体験から普遍に向けて』ミネルヴァ書房，1997年
  本書は著者が大学定年後，重度の発達障害児養護学校の幼稚部に12年間にわたって担任として勤務し，そこでの保育者と子どものやりとりや子どもの発達を観察，記録したものです。一般的には障害児の発達をまとめた本と見られていますが，それを超えて，発達の基本となる外的発達と内的発達の違いがよくわかる事例にあふれています。そして内的発達のためには，その活動をやらされてやるのではなく，子ども自身に「自分で，自分が，自分から」といった自我の意識がなかったら，真の発達にはならないということがよくわかる本です。

演 習 問 題

1. 幼稚園や保育所などの保育施設で，あなたが関心のある一人の子どもを選んで観察し，その子どもの発達が見えるようなエピソードをとり出して，そこにはどのような発達過程が見られるかを具体的に検討してみましょう。
2. 学生3〜4人のグループに分かれて，幼稚園や保育所などの保育施設に出かけて，子どもたちの遊びを観察し，外面的な行動だけではなく，子どもの内面の動きも併せてメモをとり，それぞれのとらえ方の違いを話し合ってみましょう。
3. 幼稚園や保育所などの保育施設で子どもたちのごっこ遊びを観察し，パタナー的傾向が強い子どもと，ドラマティスト的傾向が強い子どもを選んで事例研究をしてみましょう。

第3章

保育における「理解」と「援助」

　保育のなかで,保育者は何を理解し,何を援助すればよいのでしょうか。何人もの子どもを相手に,同時にいろいろなことが起きている保育の状況のなかで,何に注目し,何を育てていったらよいのでしょうか。

　保育者の子ども理解は,保育者のからだとこころを通して行います。また,子どもの行動や遊びの姿,会話,出来事の変化に注目して理解しようとします。さらに,起きている現象や姿の"意味や関係",目に見えない欲求や育ちをとらえ,次への課題を考えます。

　この章では具体的な遊びの姿や,子どもの言動をもとに保育における子ども理解の視点や理解に基づく子どもへの援助について考えていきたいと思います。

コマ1

子どもの気持ちに添って援助しないとね…

ヒロ君も何か作る?

私はウサギ

ぼくはネズミ

え〜と

コマ2

あっ あれがいい 鼻が長くて ちっちゃいヤツ!

え?何?…小象?

普段の彼を見ていれば気づけるはず…

←虫好き

たぶんコレ

こくぞうむし

第1節 理解と援助

Work

なぜ「子ども理解」が必要なのでしょうか。子どもを理解するということは、子どものどんなことを理解することだと思いますか。

❶かかわりながら理解する，理解しつつかかわる

　私たちが子どもを理解する時，子どもの姿や行動を「よく見る」子どもの言葉を「よく聴く」ことはまず第一にしなければならないことです。しかし，保育者が保育のなかでする子ども理解は「かかわりながら理解する」「理解しつつかかわる」という特徴をもっています。子どもを十分に理解してからかかわるのでは間に合わないことも多くあります。どんな子だかわからないけれど，何を求めているのかわからないけれど，とりあえずかかわり，言葉をかわしたり一緒に遊んだりしながら次第にその子の気持ちを知り，課題が見えてくることも多くあります。

　次のエピソードははじめて実習に入った短大の1年生の記録です。まだどのような子どもたちなのかわからないけれど，ともかくかかわり一緒に楽しみながら，子どもが何を楽しんでいるのかを感じとり理解していっています（以下のエピソード中，下線筆者）。

Episode 1

実習記録から①（5歳児）

　自由時間の時に子どもたちと大きなカゴ（子どもが5人くらい入る）でマットを洗っていた。はじめは，上履きを脱いで裸足で水遊びをしながらスポンジでマットをキレイにこすっていた。その姿は本当に楽しそうで，生き生きしていた。やっぱり子どもにとって水遊びは最高の楽しい遊びだと思った。
　そのうち，1人の女の子が歌を歌いはじめ，周りの子どもたちも続いて歌い

はじめた。その勢いで，手の動きも軽やかにゴシゴシとマットを洗っていった。歌の最後は「ポイ」で終わるらしく，子どもたちは笑いながらそこのフレーズに来ると水面にスポンジを投げつけた。そして，その歌が飽きたのかまた違う歌を歌いながら洗濯していた。私は子どもたちを見て，嫌いな掃除だと思うのに，こんなにも楽しく掃除ができるんだと思った。それでも，やっぱり飽きてしまうのか，泥んこ遊びに行ってしまう子や他の遊びに行ってしまう子などいた。しかし「私もやりたーい」と言って入って来る子もいた。

　いつしか子どもたちはマットを洗うよりも石けんを使って自分の体を洗いはじめた。辺り一面泡だらけになり，まるでお風呂に入っているかのようだった。みんなは気持ちよさそうに体をゴシゴシ洗い，私の「みんなお風呂に入っているんですかぁ？」の問いかけに「そうだよー，先生も洗ってあげる！」と一斉に私を洗おうと手を伸ばした。私は必死に逃げたが，いたる所に泡をつけられてしまった。「みんなひどいよ……」と言いながら私自身も，すごく楽しんでいた。

　そうして，子どもたちと一緒に洗濯は終わったが，こんなにも子どもたちが積極的にやってくれたのは感動した。確かに，大人のように上手に洗濯はできなかったし，途中で遊びに夢中になり私1人でやっていたが，みんな快く掃除を手伝ってくれたと思う。反省会の時に先生は「上手くはできないけれど，子どもたち一人ひとりが自主的に参加することが大切で，それを補助するのが私たちの仕事だから……」とおっしゃっていた。……こういうことは生活するなかでとても大切な経験だと思う。

　実習生も一緒に楽しみながら，子どもの様子や歌に合わせている姿などをとらえ，5歳児が生活のなかで学ぶ＝体験するということへの理解が伝わってくる記録です。

Episode 2

実習記録から②（3歳児）

　保育室で脱衣してパンツ一丁になった子たちが水遊びをはじめました。つるされた手づくりのシャワーの水を，目をつむって頭から浴びる子，ざぶんと水のなかに潜る子，先生に水をバシャバシャかける子，背中にホースで水をかけられて叫びのような笑いを響かせる子。水遊びの仕方はさまざまでしたがみんな楽しそうでした。私は水遊びを終えた子に温かいシャワー（本物）を浴びせて，体を拭き，着替えを手伝うことにしました。着替えは「もう僕できちゃった」と報告しに来る子や「手が出ない，はけない」と嘆いている子がいて，個人差があると感じました。

　ある男の子にシャワーを浴びせてた時のことです。突然その子が「おしっこしちゃった」と言いました。以前，気持ちいいとそういうことがあるというこ

とを聞いたことがあったので，シャワーが気持ちよかったのかなと思い，またその子が小さい声でボソっと言ったので，あまり気にさせないようにと「じゃあ流しちゃおうね」と言いました。しばらくして「もう体温まったからシャワー止めて体拭こうね」と私が言うとその子は「まだ寒い」と言って座り込んでしまいました。まだシャワーしたいんだな，と思いつつ，もしかして具合悪いのかなとも心配になって「お腹でも痛いの？」と聞くと「お腹痛い」と言います。「じゃあ，早く体を拭いて着替えなきゃ」。そう言ってシャワーを止めると，その子は「寒い，お腹痛い」と繰り返します。下を向いて座っているため顔は見えません。困ってしまったので「立ってくれたらシャワーするよ」と言いました。するとその子はすぐに立ちました。それでやっぱりシャワーがしたいんだと思いました。さっともう一度シャワーを浴びせ，タオルで包んで脱衣所に連れて行きました。体を拭く時も着替えの時も「お腹痛い」とは一言も言わず，終わるとすぐに遊びに行ってしまったので，やっぱりシャワーをもっと浴びていたくて嘘をついたんだと思いました。

　この記録も実習生がはじめて1対1で出会った男児と，やりとりをしながら理解しようとしている記録です。理解の内容が正しいかどうか議論の余地はあるかもしれません。もっと違う解釈があるかもしれません。しかし，相手のことがわからなくても，とりあえずかかわり，見て聞いて，考えて，またかかわる，という理解のプロセスが表われている記録です。

　実習生と違って保育者の子ども理解は，見守るということも含めた「かかわり」と結びついたものです。その子の気持ちや行動をいくら詳しく説明することができても，その子にどうかかわりたいかという「思い」や「願い」やかかわり方に対する「判断」がなければ理解したとは言えません。

Episode 3 説明できることと理解すること

　3歳児のH男が遊戯室で木製電車を並べはじめた。寡黙で入園以来他児の遊びを見ていることが多いH男であったが，好きな電車をきっかけに少しずつ動きはじめた。……H男の視線はずっと少し離れた場所にいるA担任に向けられている。担任は数人の子どもたちと一緒に絵本コーナーで絵本を見ながら語り合っている。帰る時間になり，H男は電車を片付けた。

　保育後の話し合いでH男について話題になった。A担任はH男が登園して

から，どのようなきかっけで，どこで電車を出し，誰がかかわり，担任（自分）を目で追い求めていた，などを時間の流れに沿って詳しくまるで観察記録を読みあげるように説明した。

「説明できること」が保育者の子ども理解ではありません。この事例のA保育者はH男が自分を求めていることを知りつつそのまま放置しました。H男の求めに応えて「かかわる」ことも，H男からの働きかけをあえて「待つ」ことも選択せず，そのままにしたのです。保育者の子ども理解はその子の成長を喜んだり課題を見つけたり次にはこうしよう（何もしないでいることも含めて）という保育行為を起こさせるものであり，第三者的に観察することとは異なるものです。A保育者はそのことに気づきその後の保育に生かしました。

❷よく見る，よく聴く

Episode 4

よく見てみると

下の写真は女の子がプランターに水やりをしている場面です。保育者は最初「Aちゃんは植物の世話をするのが好きな子」というとらえ方をしていました。

次に，Aちゃんが走って水を汲みに行き再びプランターに水をやっている姿を見た時には「同じように水やりをしているBちゃんたちとはかかわりがないのだなあ」と途中入園したばかりのAちゃんの友達関係の薄さを思いました。また水道からプランターまでの間でどちらに行こうか迷っている様子に気づきました。

さらに，Aちゃんが3回目の水汲みに行った時「今度こそは迷わずプランターに行けるだろう」と予想しました。しかし，Aちゃんは同じようにうろうろと迷い，やっと先ほどのプランターにたどり着きました。保育者は「Aちゃんがまだ園庭や水道の位置に慣れていないこと」を実感しました。

もうこれで水やりを止めるのか，あるいは他のプランターに水やりをするのだろうと思いながら見ていると，なんとAちゃんはまた水を汲みに走り，

写真3-1 水やりをしているAちゃん

今度は迷わずたどり着きました。同じプランターにジョウロ4杯もの水やりをすることになりました。さらにジョウロで水がまかれるのはプランターの同じ場所だということに気づきました。その場所というのは，Aちゃんが種をまいた場所だということを担任は思い出しました。

　Aちゃんの水やりの姿をよく見ることで，担任はAちゃんの友達関係の薄さや場所が十分わかっていないまま生活していること，自分のまいた種に対する思い，などを読み取ることができました。また，水の量や天候との関係などを知らせる必要があることに気づき次の指導に生かしました。
　「よく見る」といっても，じろじろと見るだけではわかりません。植物が好きなのかなあ，友達とはかかわらないのかなあ，今度こそは場所を迷わないだろう，などといろいろな思いや予想をもちながら見て感じています。子どもの言動から，保育者が感じる，思う，考えることまでを含めてが「理解」だと言えます。

Episode 5

つぶやきに耳を傾けて

　強くんは友達とのトラブルが多くB保育者だけでなく幼稚園中の先生が気にかけていました。ちょっとしたこと（担任から見ると）でも大きな声で相手を怒鳴ったり物を壊したりすることが多く，周囲の子どもも怖がったり遠ざけたりするようになっていました。B保育者は強くんがなんとか自分の気持ちを穏やかに相手に伝えられるようになってほしいと考え，そのたびに指導していました。
　ある朝，登園した強くんが理由はわかりませんでしたが，優子さんを怒鳴りつけて台の上にあったものを払い落しました。B保育者は「強くん，そんなにしたら壊れちゃうわ。もう少しやさしく言葉で言えないかな？」と注意します。その注意がはじまるとすぐに身体全体で怒りを表しながら保育室から出て行こうとします。まるで「聞く耳もたず」というようです。その時，B保育者は強くんがその場を走り去りながら「なんだよ。いつも先生に言いつけやがって」と優子さんに小声で悔しそうにいう声に耳を奪われました。

　B保育者はハッとしました。強くんの孤独を感じたのです。強くんから見た自分（担任）は，そんなつもりはないけれど，優子さんたち

の味方に見えるのではないだろうか。強くんの寂しげな悔しそうな言葉から「どうせ，自分は……」という投げやりな気持ちを感じとり，これでは担任として何を言っても強くんの心には届かないだろう，と感じました。

　聞き逃してしまいそうなちょっとした言葉に耳を傾け，その裏側に込められたその子の気持ちを感じとり，B保育者は強くんとの関係を考え直すことにしました。

　子どもを理解するということは，子どもから見た自分を理解することでもあります。

❸かかわりの後で理解を深める，修正する

　次のエピソードは特別支援学校幼稚園部で1年間，週に1日実習した実習生の記録です。実習生が1人で保育を振り返って自分の理解を修正したり深めたりしたのではなく，保育後のミーティングでの話し合いを通して理解を深めていったものです。

Episode 6　かかわりの後で理解を深めていく

　Sくんは自閉症といわれる男児で会話はほとんどありません。私はこの半年Sくんと一緒に過ごすことが多くなってきました。いろいろなことを経験しだんだんSくんとの絆も強まってきたように感じます。細かい表情の変化が読み取れるようになり，Sくんも甘えやヤキモチなど感情を表すようになってきています。

　図3-1は，実習記録をもとに，保育中の出来事やかかわりの内容と，その後のSくんに対する理解の変化を整理したものです。図中の□の1.，2.，3.，4.は保育中の出来事を整理したものです。□の①は，保育後に行われたミーティングでの話し合いを通して考えたこと，□の②は，さらにその後で，省察した内容を示しています。

　もちろん日頃の保育の場合，保育者自身で自分の保育を振り返り（省察し）理解を深め，翌日の保育へとつなげることは多くあります。

1．Sくんとの新しい遊び（初めて聞いたSくんのハミング）

砂場の横にロープと木の枝でつくった縄ばしごがある。そこに乗ったSくんを私が揺らせると，Sくんはうれしそうな表情を見せる。何回も続いた。ひとまとまりの2人の新しい遊びだった。

アブラハムの歌のメロディーをはっきりとハミングしていた。はじめて聞いた。お母さんの前でもハミングしてた。

> Sくんのめずらしい動き

2．2階の教室に行き，ロッカーの上に乗って掲示物をはがし，びりびりと破いて上からまく。めずらしい。

3．いろいろな所でオシッコする。寒いせいだろうか。トランポリン，ピアノ，ロッカーの上，ホールの床。たっぷり出る時と無理に力を入れて，ほんのちょっぴりしか出ない時もある。

4．お弁当を食べる時わざわざお弁当箱を逆さまにして，全部箱から出す。それから手で食べる。食べる量も少ない。

> 保育者全体のミーティングで，Sくんの今の状態に対する理解の深まりが見られた。

①保育後のミーティングでの受け止め

「今，Sくんは大人からのワクに反抗して，それに対抗しようとしている時期なのではないか。打ち破ろうとしているのではないか。ワクを嫌っている時期なのではないか。変わり目なのではないか。」という先生方のお話を聞いてSくんの行動を表面的にとらえるのではなく，もう少し大きく長いプロセスの，ある時点として見る，ということを学んだように思った。

②さらにその後

そういえば，あちこち所かまわずするオシッコも，「遠足の時には，洋服を着てちゃんとトイレでやっていた」ということを思い出し，あまり気にならない自分がいることに気づいた。

寒空のなか，裸でいることに対しても，「寒くなったら，自分から服を着る（大人が着せてあげるけれど）」ということが確信できるので自信をもって見ていることができる。Sくんの肌に手を当てるとぽっぽとして肌が熱くなっていることを知っているし，いつでも確かめられるので，心配にならず，これまた，自信をもって見守っていることができる。

> ミーティングでの理解を受け止め，今までの情報を重ね，これからのSくんに対するかかわり方の方針が自分のなかに確かにされている。

図3-1　Sくんとのかかわりから

子ども理解を保育者が修正するということはなかなかたやすいことではありません。時に自分の保育をVTRで記録し，保育後に見ることも有効な方法と言えます。

Episode 7

保育後に保育VTRを見直して

【子どもの姿】
　4人の男児が警察ごっこをしている様子をK男がニコニコしながら見ている。K男が「入れて」と明るく言うとH男が「いいよ」と明るく応じる。ごく普通の仲間入り風景だ。しかし，その後K男は依然としてにこにこしながら4人の様子をそばの台に腰かけて見続けている。そしてまた「入れて」「いいよ」が繰り返される。しばらく後K男は「ねえ，審判になってあげようか」と4人に提案する。
　この警察ごっこ（実際には追いかけっこ程度の遊び）の様子を担任は近くで見ていて，K男が仲間入りしていることは確認していた。

【この頃のK男の様子について】
　母親から「友達に遠慮している。あんなに遠慮する子ではない。夜泣きをするようになったのは幼稚園で十分発揮できないからではないか。困ったことがあっても担任は解決してくれないと言っている」と担任に対して伝えてきた。
　一方担任は「理解力もあり言葉もしっかりしているK男は他の子どもに強く出すぎることはあっても遠慮するなど考えられない」「他児に遠慮するようになったとすれば，K男にとって一種の成長である」と思い，母親の話に納得がいかなかった。

【VTRで見直した時——テープ，逐語記録の分析から】
　a．担任はその場面を見て（何回かVTRを見た後で），「K男は遊びに入れてもらっているのに，自分では入っていないと思うのだろうか」という<u>問いをもった</u>。
　b．そして「こういう場面で，「取り残された」と思うのだろうか」と，<u>母親が言って来たことと結びつけて考えた</u>。それまでは取り残されるどころか強すぎて，他を取り残すタイプの子だと思い続けていたために，母親からの話が納得できなかった。
　　※この時点では，担任は自分のK男理解を修正変化させるにはいたっていない。「"そのように（母親が言うように）見る"ことも可能だ」という程度だと考えられる。
　c．さらにK男がにこにこしながら腰掛けて4人の遊びを見ている場面では，「……自分がどういうふうに遊びのなかで動いたらいいかわからないんだ」と，K男の状況を<u>K男の側から考え</u>，納得している。
　担任ははじめ，「5歳にもなってただ追いかけることを楽しむなんて，程度の低い遊びをしている」「こんなふうな遊びをしているのは，自分の指導

が何か不足なのではないか」「何か援助をした方がいいのではないか」というような担任側からの評価的な見方をしていた。
　しかし，次第にK男の側からの理解（K男の行動にはK男なりの理由がある，こんなふうに感じていたのだろうか，など）をするようになってきた。
d．次に「そういえば，彼が友達と遊ぶようになったのは，最近になってからだった」という<u>今までの経過</u>を思い出し，「それまでは自分だけの遊びをしていた」「だから友達と仲間になって遊ぶことにまだまだ慣れていない子どもなのだ」という新しいK男理解をするようになった。

　このエピソードでは，すぐに見方を変えるのではなく，発見，気づき，もしかしたらという疑問，他の情報とつなげて考える（そういえば……），などのプロセスを経て，保育者なりの納得をしています。

❹個々の子どもに応じた援助

　保育のなかで理解する子どもは1人ではありません。あの子もこの子も，積木遊びのグループもままごと遊びのグループも，……も，理解しそれぞれに応じた適切な援助を行えるよう担任は努力を重ねます。同じ場で一緒に遊んでいるからといって全員が同じことを経験しているわけではありません。
　たとえば，園庭でケイドロ鬼を楽しんでいるグループに目を向けてみましょう。ある子は，戸外で思い切り走りまわることが楽しくてケイドロのなかで思い切り走ることを楽しんでいるかもしれません。またある子は，仲良しになったばかりの友達に誘われて参加し，その子と一緒にいられることが楽しいかもしれません。また別の子は，友達を助けることに楽しさを見出しているかもしれません。同じ遊びでも，何を楽しいと感じているかはそれぞれの子どもによって少しずつ違っている可能性があります。また，指導においてもみんな一律にしない場合があります。たとえば，日頃からケイドロが大好きで楽しんではいるのだけれどルールを守らず，友達から注意され続けている子には，ルールをキチンと守らせるような指導を行うでしょう。しかし，今日はじめて参加した子どもややっと楽しさがわかり楽しさが高じて思わずルール違反をしてしまった子どもには，少し余裕をもって時間をかけて指導するようにします。保育者は一人ひとりの気持ちや状況を理解しそれぞれの子どもに応じた援助を行います。

次のエピソードは，3年保育5歳児7月初めの昼食後の遊び場面です。

Episode 8　一緒に遊んでいてもそれぞれの思いは違う

保育室の2か所で同時に楽器遊びがはじまりました。

U子・I子

もう一方で合奏を楽しむM子ら女児たち。

写真3-2　保育室で合奏 　　　写真3-3　2人で合奏を楽しむ

　やがて2つのグループはそれぞれの思いをぶつけあうようになります。1人でミュージックベルを使って1曲（ドレミの歌）演奏したいM子には，隣で合奏するU子たちの笑い声や歌声が邪魔になります。一方U子たちも，たった2本のベルでは音が足りず，キラキラ星の合唱ができません。とうとう不満がぶつかって言い合いになり，保育者や周囲の友達が仲裁に入ります。互いの言い分を出しあって3曲終わったら相手のグループにミュージックベルを譲るという妥協案がまとまりました。

①M子がもう一方のグループの所へ行って話している。

②その隙に急いでミュージックベルをもとうとする新子。

③せっかく手にしたミュージックベルをM子に取り返されてしまう新子。

写真3-4　新子はM子のいない間にベルをもつ 　　　写真3-5　せっかく手にしたベルを取り戻される新子

それ以外にも，M子のグループのなかにいる新子は新子なりの不満をもっています。M子が後ろを向いていたり，席をはずしたりする時新子は急いでM子の使っているベルを取ろうとします。時には手にもちますが，すぐにM子から取り戻されてしまいます。新子に許されているのはタンバリンだけ。

このエピソードのように合奏を楽しんでいるように見えても，そこに参加している子ども一人ひとりのやろうとしていることや願いは異なっています（この他にもさらに複雑な人間関係や出来事が続きます）。

しかし，友達と一緒に楽しみたいという気持ちを根底にもっていることも確かです（いろいろなトラブルがあった最後に，泣きながら「一緒にやろう」と自分の目の前の楽器を相手に分けるU子の姿が印象的でした）。

保育者は個々の子どもに応じた援助を行うと同時に大きな願い（このエピソードでは「皆と一緒に楽しみたい」）が満足できるように援助する必要があります。具体的には，この担任はそれぞれの気持ちを引き出し互いに理解させながら「みんなで楽しむにはどうしたら良いか」という方向で，そこにいる子どもたちに考えさせていました。

➡1 新子は途中入園してまだ数日しかたっていない子どもです。午前中はたっぷり一人でミュージックベルを楽しんでいました。

第2節 「理解」から生まれる「ねらい」と「援助」

❶遊びの実態をとらえて「ねらい」をたてる

遊びの実態をとらえると言うと難しく考えてしまう人がいるかもしれません。ここでは毎日発行した学級便りから運動会の頃のエピソードを抜粋して，遊びの実態とねらいを考えます。

10月4日に行われる運動会に向けて，少しずつ子どもたちが運動会を意識しはじめるようになってきています。保育者も子どもと一緒に運動会に関する会話を楽しみ，気持ちを盛り上げています。

自由な遊びの時の様子から，リレーが嫌いな子や苦手意識をもっている子は誰なのか把握して指導のチャンスを待っています。時には全員参加の機会を設け「やらず嫌い」をなくし楽しさを知らせるように

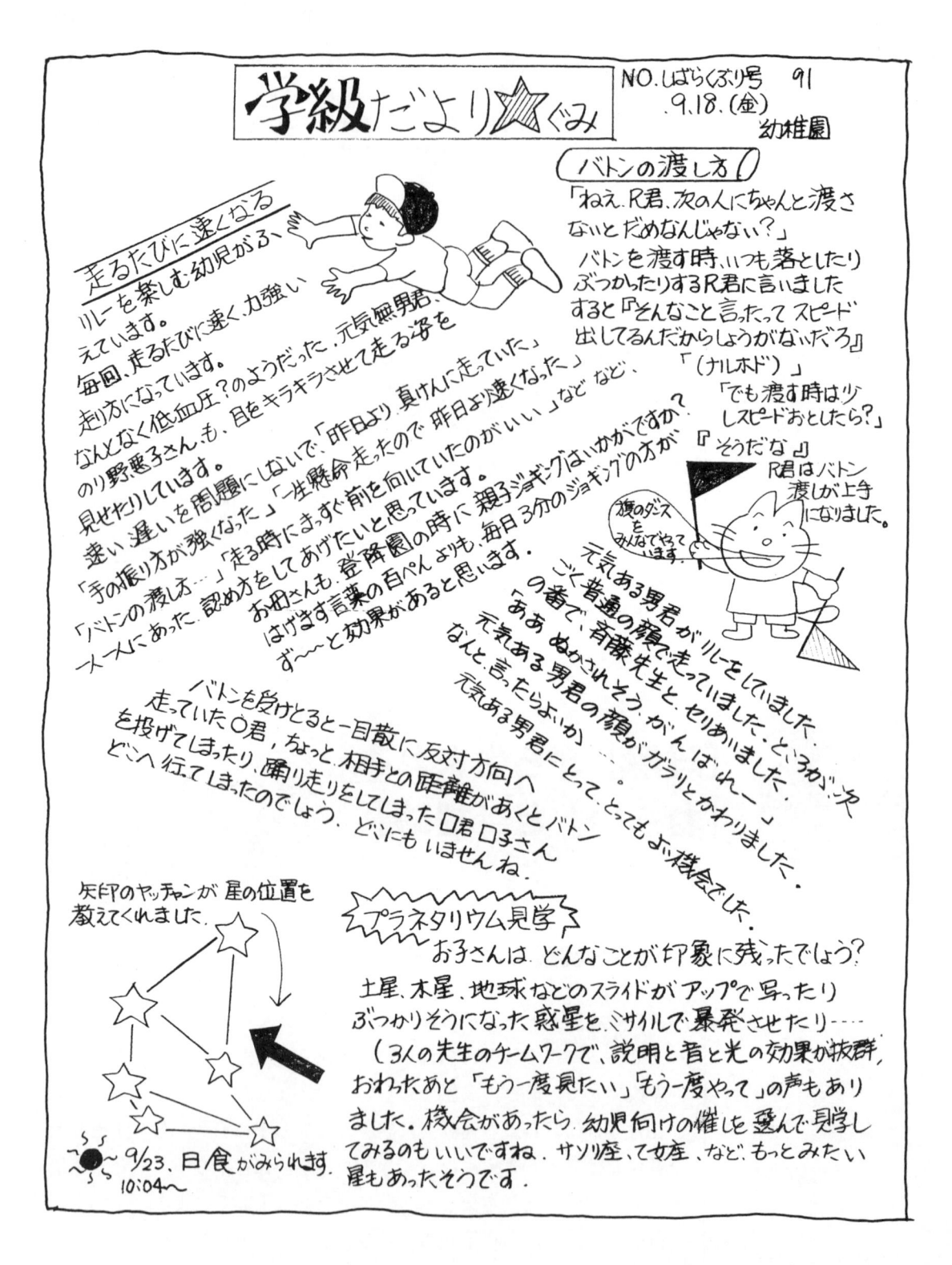

学級だより ☆ぐみ

NO. しばらくぶり号 91
9.18.(金)
幼稚園

走るたびに速くなる

リレーを楽しむ幼児がふえています。
毎回、走るたびに速く、力強い走り方になっています。
なんとなく低血圧？のようだった、元気無男君、のり野悪子さんも、目をキラキラさせて走る姿を見せたりしています。
速い、遅いを問題にしないで「昨日より真けんに走っていた」「生懸命走ったので 昨日より速くなった」「手の振り方が強くなった」「走る時にまっすぐ前を向いていたのがいい」「バトンの渡し方…」など、認め方をしてあげたいと思っています。
お母さんも、登降園の時に親子ジョギングはいかがですか？はげます言葉の百ぺんよりも、毎日3分のジョギングの方がず～～と効果があると思います。

バトンの渡し方

「ねえ、R君、次の人にちゃんと渡さないとだめなんじゃない？」
バトンを渡す時、いつも落としたりぶっかったりするR君に言いました。
すると『そんなこと言ったってスピード出してるんだからしょうがないだろ』
「（ナルホド）」
「でも渡す時は少しスピードおとしたら？」
『そうだな』
R君はバトン渡しが上手になりました。

元気ある男君がリレーをしていました。
ごく普通の顔で走っていました。
「○番で、斉藤先生と、せりあいました。あぁ ぬかれそう、がんばれー」
元気ある男君の顔がガラリとかわりました。
元気ある男君にとって、とってもよい機会でした。
「なんと言ったらよいか……」

バトンを投げとると一目散に反対方向へ走っていた○君、なぁと相手との距離があくとバトンを投げてほったり、踊り走りをしてしまった○君○子さん どこへ 行てしまったのでしょう。どこにも いませんね。

プラネタリウム見学

お子さんは、どんなことが印象に残ったでしょう？
土星、木星、地球などのスライドがアップで写ったり、ぶっかりそうになった惑星をミサイルで爆発させたり――
（3人の先生のチームワークで、説明と音と光の効果が抜群、おわれたあと「もう一度見たい」「もう一度やって」の声もありました。機会があったら、幼児向けの催しを選んで見学してみるのもいいですね。サソリ座、て女座、など、もっとみたい星もあったそうです。

矢印のヤッチャンが 星の位置を教えてくれました。

9/23、日食がみられます。10:04～

第3章 保育における「理解」と「援助」

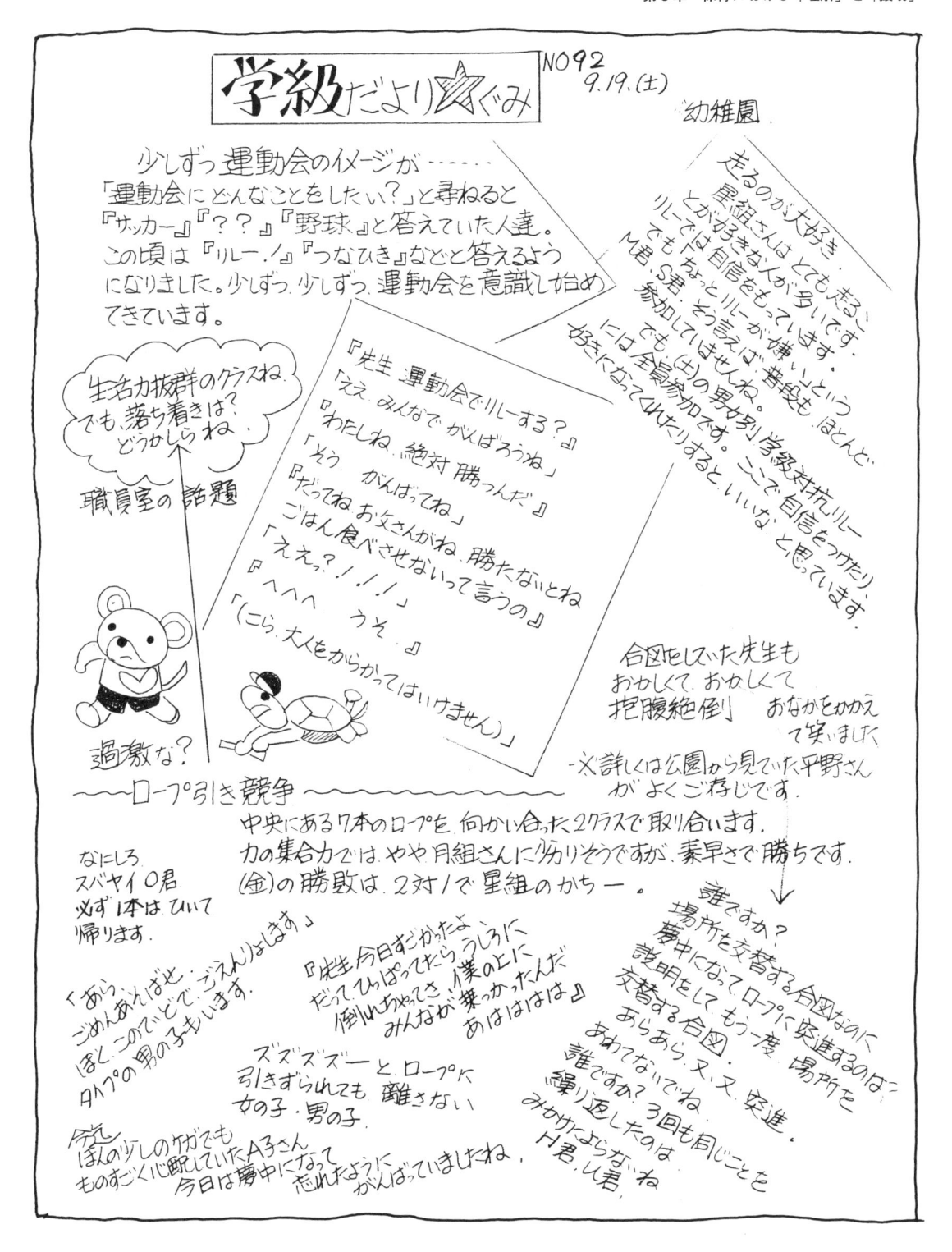

学級だより☆ぐみ
NO 92
9.19.(土)

幼稚園

少しずつ運動会のイメージが……
「運動会にどんなことをしたい?」と尋ねると
『サッカー』『??』『野球』と答えていた人達。
この頃は『リレー!』『つなひき』などと答えるようになりました。少しずつ、少しずつ、運動会を意識し始めてきています。

走るのが大好き。
星組さんはとても走ることが好きな人が多いです。
リレーでは自信をもっています。
でもちょっと「リレーが嫌い」という(中)(S君、そう言えば、体育にはほとんど参加していません。でも、(中)の男女別学級対抗リレーには全員参加です。ここで自信をつけたり好きになってくれたりするといいな、と思っています。

生命力抜群のクラスね。
でも、落ち着きは?
どうかしらね。

職員室の話題

『先生、運動会でリレーする?』
『ええ。みんなでがんばろうね』
『わたしね、絶対 勝つんだ』
『そう、がんばってね』
『だってね お父さんがね、勝たないとね
ごはん食べさせないって言うの』
『ええ?!/!/』
『ヘヘヘ うそ。』
『(こら、大人をからかってはいけません)』

過激な?

ロープ引き競争
中央にある7本のロープを、向かい合った2クラスで取り合います。
力の集合力では、やや月組さんに劣りそうですが、素早さで勝ちです。
(金)の勝敗は、2対1で星組のかちー。

合図をしていた先生も
おかしくて、おかしくて
抱腹絶倒 おなかをかかえて笑いました
※詳しくは公園から見ていた平野さんがよくご存じです。

なにしろ
スバヤイO君
必ず1本はひいて
帰ります。

〈あら、
ごめんがんばぜ
ほし、このでどで、ジェンコはなす。〉
タイプの男の子もいます。

『先生今日むずかしたよ
だってひっぱってたらうしろに
倒れちゃってさ、僕の上に
みんなが乗っかったんだ
あはははは』

ズズズズーと、ロープに
引きずられても 離さない
女の子・男の子

誰ですか?
場所を交替する合図なのに
夢中になって ロープに突進
説明をして もう一度
交替する合図。
あらあら 又、又、突進
誰ですか? 繰り返したのは 3回も同じことを
みかけによらないね H君、U君。

兄。
ほんの少しのケガでも
ものすごく気にしていたA子さん
今日は夢中になって
忘れたように
がんばっていましたね。

53

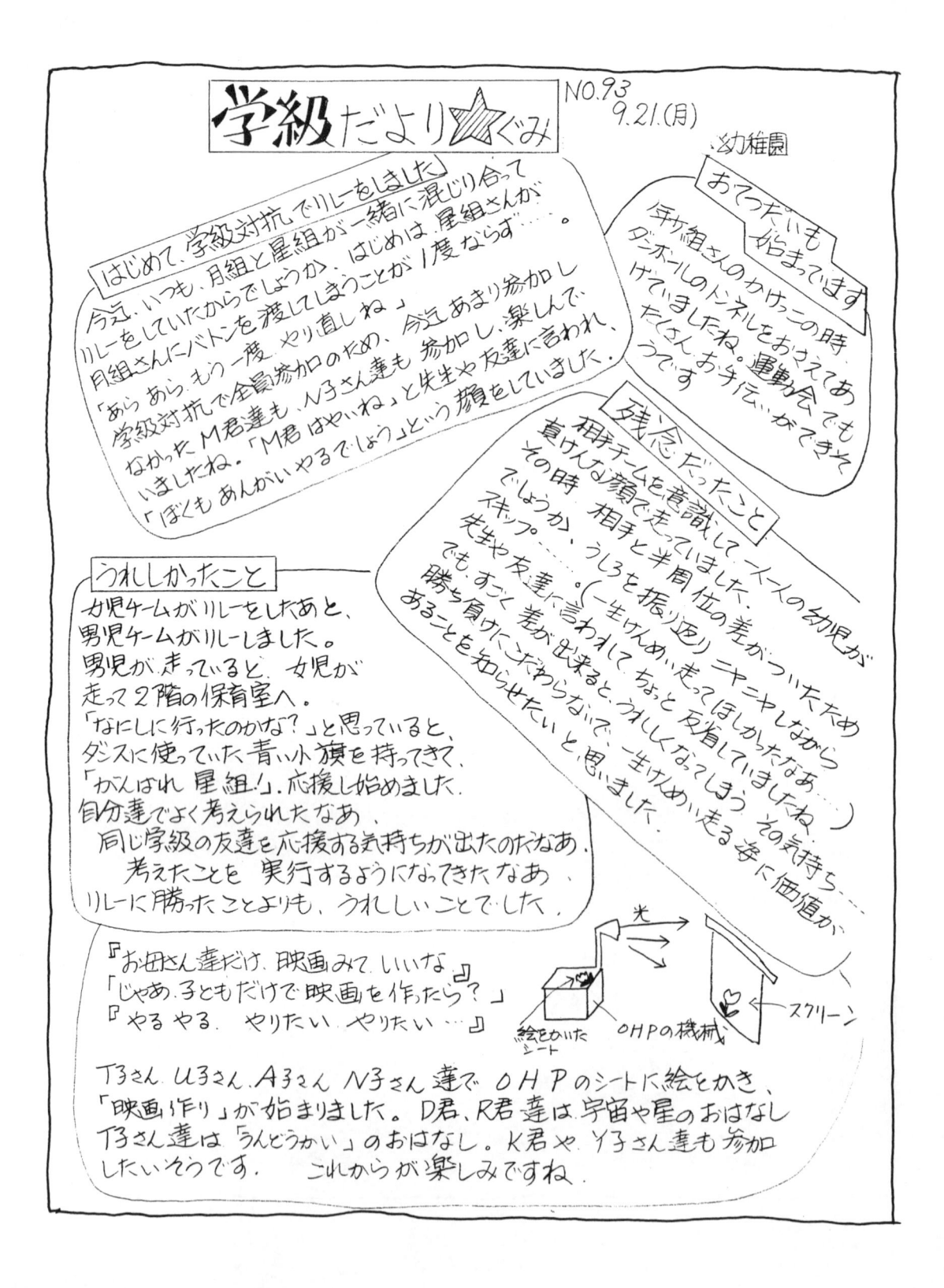

学級だより☆ぐみ

NO.93
9.21.(月)

幼稚園

はじめて、学級対抗でリレーをしました

今気、いつも、月組と星組が一緒にリレーをしていたからでしょうか。はじめは、星組さんが月組さんにバトンを渡してしまうことが1度ならず…。
「あら、あら、もう一度、やり直しね」
学級対抗で全員参加のため、今迄あまり参加しなかったM君達も、N子さん達も 参加し、楽しんでいましたね。「M君 はやいね」と先生や友達に言われ、「ぼくも あんがい やるでしょう」という顔をしていました。

おてつだいも始まっています

年ケ組さんのかけっこの時、ダンボールのトンネルをおさえてあげていましたね。運動会でもたくさん、お手伝いができそうです

残念だったこと

相手チームを意識して 負けない顔で走っていました。その時、相手と半周位の差がついていたためでしょうか、うしろを振り返り ニヤニヤしながらスキップ……。(一生けんめい走ってほしかったなぁ…)先生や友達に言われて、ちょっと反省していましたね。でも、すごく 差が出来ると、なかなか うれしくなって、ほっ…と気持ちが 勝ち負けにこだわらないで、一生けんめい走る姿に価値があることを知らせたいと思いました。

うれしかったこと

女児チームがリレーをしたあと、男児チームがリレーしました。男児が走っていると、女児が走って2階の保育室へ。
「なにしに行ったのかな?」と思っていると、ダンスに使っていた 青い小旗を持ってきて、「がんばれ 星組!」応援し始めました。
自分達でよく考えられたなあ。
同じ学級の友達を応援する気持ちが出たのだなあ。
考えたことを 実行するようになってきたなあ。
リレーに勝ったことよりも、うれしいことでした。

「お母さん達だけ、映画みて いいな」
「じゃあ、子どもだけで 映画を作ったら?」
「やる やる。やりたい、やりたい…」

光 → スクリーン
絵をかいたシート
OHPの機械

T子さん、U子さん、A子さん、N子さん 達で OHPのシートに絵をかき、「映画作り」が始まりました。D君、R君 達は 宇宙や星のおはなし、T子さん達は「うんどうかい」のおはなし。K君や Y子さん達も 参加したいそうです。 これからが楽しみですね。

しています。

　リレーを通して，走る楽しさを知り味わう，勝ち負けよりも一生懸命に走ることの大切さを知る，という「ねらい」をもっています（後になると，どのようにしたら勝てるか，人数，公平とは，などを考えるねらいも出てきます）。

　運動会に向かう活動だけでは遊びへの欲求は満足しません。OHPシートに絵を描き，映しながら言葉を添える簡単で魅力的な素材を保育者は提示しています。一斉活動だけでなくグループの活動も育てていきたいという願いがあります。ただしこの時期は運動会のためのいろいろな活動が入ってくるので時間のかかる活動や，大がかりな活動は充分に行えず，結局子どもたちの満足感につながらないということを頭に置いておく必要があります。つまり魅力的でちょっとした時間に行える，しかもグループの繋がりは意識できる活動が適していると言えるでしょう。

❷ 「ねらい」に応じた援助

　ドッジボールを取り上げて考えてみます。運動会が終わったあとの学級便りにはこのように実態をとらえて書いています。

Episode 9

ドッジボール①（10/21の学級だより）

　夢中になっているTくんがいます。顔を真赤にしてボールを拾います。投げます。ボール取りジャン（ジャンケン）をします。

　ボールをよく見ているMくんKくんがいます。相手の投げる方向を見て素早く動きます。だからボールを取るチャンスも多くきます。

　飛んできたボールを，横向きに走りながら受け取ったり，捕まえたりする人もいます。止まったままでボールを捕まえようとする人よりもボールをたくさん取ることができます。

　逃げることがうれしい人もいます。友達の陰に隠れるのが上手な人もいます。なかなかボールが取れないけれど，あきらめない人もいます。自分のそばにきたボールを友達が取るとプーっとふくれてしまう人もいます（少し経つと笑顔でまた頑張ります）。

　ボールに当たって（外野に出ると）あとは手もちぶさたで，座って一休みする人もいます。いろいろな人がいます。でも，<u>一人ひとりみんな以前にドッジボールをした時よりも成長しています。コートのなかで動くのが素早くなりま</u>

した。ボールをよく見て自分から取りに行くようになってきました（そうです，待っていても誰もボールをくれません）。友達を応援するようになってきました。上手な友達の様子を憧れの目でじっと見て，少し投げ方を真似する人もいます。見逃したボールを見ながら，「今度こそ勇気を出してとるぞ！」と決心している人もいます。

　この頃ドッジボールは学級内で盛んに行われていました。多くの子どもが参加して楽しんでいるがその楽しみの内容はそれぞれの子どもによって異なっていることがわかります。保育者は一人ひとりの願いや状態に合わせて個人的に励ましたり，機会を設けたりします。たとえば2週間後の記録にはこのような姿が記されています。

Episode 10

ドッジボール②（11/6の学級だより）

　今日，SくんとUくんと保育者の3人でボールの投げっこをしました。
　「僕，お父さんと練習したんだ」と自信をもって取ったり投げたりするSくん。びっくりするくらい上手になっていました。
　最近受け止めるのが上手になったUくんは"右手で投げる時は右足を（後に）引く"ことが少しわかってきたようです。
　2人とも，かなり強いボールも受け止めようと張り切っていました。

　時には，2〜3人を相手に保育者がキャッチボールをすることもあります。技術的な問題で，自信がもてないようならば一緒に上達するよう練習することもあります。
　ただ技術的，運動能力的な内容を求めているのではありません。みんなと一緒に楽しむ，ルールを守ることの大切さを知る，どうしたらみんなでもっと楽しい遊びになるのかを考える，公平についての感覚を身につける，などのねらいを頭に置きながら，援助していくのです。
　だんだんボールを投げる力がついてきて強く遠くに投げられるようになってきた頃，コートの大きさをだんだん大きくしていきます。運動量も増し，速いボールから機敏に逃げるようになってきます。

➡2　幼稚園教育要領・保育所保育指針の各領域に示された「ねらい」「内容」を総合的に考え，さらに子どもの活動や実態などに合わせて考えます。

第3章 保育における「理解」と「援助」

Episode 11

> **ドッジボール③（11/28の学級だより）**
>
> 子ども：今度さーみんなでドッジボールの試合したいな。
> 子ども：月組対星組でしたいな。
> 子ども：お帰りの時にさ（降園前は迎えに来た母たちの応援が得られる）。
> 保育者：でも大丈夫？　この前は負けてばっかりだったじゃない？
> 子ども：1回は勝ったよ。1回（声が小さくなる）。
> 子ども：「大丈夫だよ。僕，□君と▽君のボール取ったよ」「僕も」
> 保育者：でもKちゃんとUちゃん，Mちゃんだけが強ければ勝てるの？
> 子ども：そうか（と，気づいたように）。練習してくるよ。
> ※自分1人が強ければいいという考えから一歩前進しているようでうれしい。

　保育者とのやりとりで「自分たちだけが強くても，勝てない」ことに気づいています。K男たちは日頃からドッジボールを熱心にやっていますので，他の子どもに比べ技術的にも高くなっています。どうしたらチーム全体が強くなるのかを考えるいい機会でした。

　また，この頃は初めの頃とは異なる「能力差」が大きくなります。そこで，ドッジボールのコートを1つだけではなく大きさを変えて，まだ遠くに投げられない子どもたちも十分に楽しめるような配慮が必要になります。

　投げるだけでなく，相手のボールをキャッチすることを求める時期になったら，ボールはやや硬め（初めの頃はあまり硬いと当たった時に痛いため，遊びから抜ける子どもがいるので配慮する）にするほうが充実し，自己課題として熱心に受け止めようと努力する姿が見られます。

　また，上手になった子どもたちに対しては，保育者のほうも本気を出して思い切り強いボールや早いボールを投げ，相手をねらい，相手のボールはしっかり受け止めます。その子たちにとっては大人と対等に戦うことで，真剣になりますし，次の目標も見つかるからです。

❸遊びのなかから「学び」の可能性をとらえる

　❷では主に1つの活動（ドッジボール）について，個々の子どもの理解とねらい，援助について実際の記録から述べてきました。そこでとらえていた個々人の実態や，保育者がねらっていたこと，援助など

はいつでもその活動（ドッジボール）に当てはまるというものではありません。その時々の子どもの実態を見ながら見つけ出していくものです。

しかし，保育の場で実際に子どもたちがどのような姿を見せ，どのようなことを志向し，保育者がどのようなことを願ったのかを実践記録から知り，可能性として自分の保育の糧にすることは大切でしょう。

子どもが何かを始めた時，そのことがどんな学びをつくり出す可能性があるのか，保育者はその可能性をより豊かにしていくよう援助することが大切と考えます。

Episode 12　変化する遊びのなかで経験していること

　下の写真は3歳児がままごとを始めようとスカートや人形を抱えて積木のところに集まったところです。

　3学期に入り仲間と一緒にまとまった遊びを落ち着いて楽しめるようになってきた時期です。

　保育者は，ちょっとしたごっこ遊びを楽しむのだろう，と思いつつ見ていました。

　何かになって楽しむかもしれない，と予想し"お面バンド"はすぐ使えるようになっています。

　何か"できごと"が欲しい気持ちが強くなっているのでしょうか，お母さん役の子が，赤ん坊（タオル人形）を病気にしました。

　中央の男児が自分の経験を思い出しながら医者の役になりました。

　自分の子ども（ぬいぐるみ人形）を入院させたり，診察を受けさせに来たりするお母さんが増えました。

　保育者は病院ごっこに必要と思われる材料（マスクの布，ひも，体温計に見立てる棒，薬袋，薬瓶などなど）を用意し提示したり，要求があったらすぐに

写真3-6　ままごと（3歳）　　　写真3-7　病院ごっこに発展

応じられるようにしたり，見える所に整理しておいておいたりします。

看護師さんになる子も出てきます。時々保育者も患者になり診察を受けに行きます。待合室はまだなかったのですが，診察後に薬を渡され「苦くありませんから」「ちゃんと飲んでくださいね」と念を押されます。医師はあまり話しませんが，看護師さんはよく話します。

翌日R子が担任に何やら説明します。なかなか意味が通じにくかったのですが，とうとうR子が"点滴"装置を欲しがっていることに気づきました。

担任保育者とともに幼稚園中を探してやっと見つけた材料で，点滴装置をつくっています。R子は大変満足そうにしています。

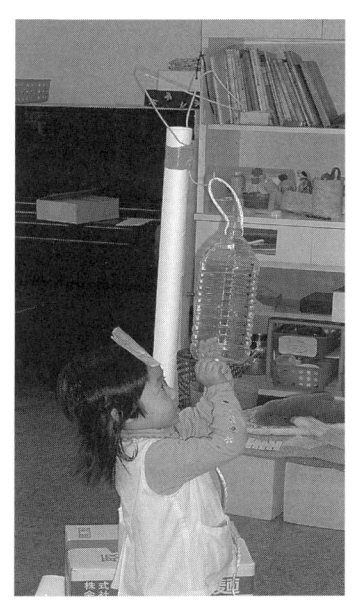

写真3-8 点滴装置づくり

　このエピソードの場合は，ままごと→子どもの病気→お医者さん・病院ごっこというように遊びが変化し，それぞれの役に必要なものを身につけたり，役に応じた言葉を話したり動いたりする経験ができました。R子は担任に自分の考えをきちんと伝える，わかってもらえる経験ができ，材料を見立てて工夫してつくる楽しさを味わうことができました。

　しかし，この遊びはもしかすると，途中で救急車ごっこになったかもしれません。ままごとが分裂してお隣同士で積木を分け合うことになったかもしれません。ピクニックに出かけるためのお弁当づくりが盛んになったかもしれません。目に見える遊びの姿はいろいろですが，子どもたちが"できごと"を求め，何かのイメージを仲立ちとして友達と一緒に遊びたいと思う，イメージは自分の体験やテレビからの情報が生かされやすい，保育者の参加を喜び，そのことでイメージがより明確になり，必要なものが思い浮かぶ，などは共通するでしょう。

　遊びを見る時や遊びを援助する時，保育者のからだ・こころをかよわす，つまり直接触れ合ったり感じたりすることを大切にします。目に見える姿，聞こえる言葉，できごとの推移を細かくとらえます。さらに，それらが意味する欲求や発達をとらえ，そこに援助することが大切です。

さらに学びたい人のために

・鯨岡峻・鯨岡和子『エピソード記述で保育を描く』ミネルヴァ書房，2009年
　おおよそ50個の保育者によるエピソードと考察，それに対するコメントから「子どもの思いを受けとめる」ことがどのようなことか具体的にみえてきます。
・津守真『子どもの世界をどうみるか――行為とその意味』日本放送出版協会，1987年
　客観的に外部から観察しうる子どもの行動を外的側面からだけでなく，子どもの独自な世界の表現として理解することの重要性を教えてくれます。
・津守真『保育の体験と思索』大日本図書，1980年
　著者自身が保育者として子どもと遊んだり生活したりした体験を基に深い洞察と思索により，子ども世界の真実に誘ってくれます。

演習問題

1. 劇遊びをする時に，子どもたちはどんな経験をする（＝学びをする）可能性があるでしょう。できるだけたくさんあげて，整理してみましょう。
2. 子どもが砂遊びをしている場面を観察し，どんな経験をしているのか整理してみましょう。他の学生同士で比べてみましょう。
3. 「保育をみる目――先生って何だろう」岩波保育ビデオシリーズのなかの新聞紙をちぎって遊ぶ一連の活動場面から子どもたちが，それぞれどんなことを楽しんでいるのか書き出してみましょう。

第4章

「子ども理解」を深める観察と記録

　この章では,観察に焦点を当てて,保育における観察と記録のあり方について,理解を深めていきます。

　観察し,記録を書くことは,子ども理解を深め,保育をよりよいものとしていくために必要不可欠なものです。

　保育における観察のあり方,保育における子どもを見る目の特徴について理解してもらい保育記録の重要性,記録には何を書くべきか,記録はどのように書いたらよいのかを具体例とともに,学びます。

コマ1

キャッ ／ ドン

タロウ君がマリちゃんを押しました。なので、タロウ君に「謝ろうね」と言いました。

よし！

日誌 さくらぐみ

これでOKね！

コマ2

これが私の一年前の記録！？これだけなの？

いいよ

マリちゃんかして

ひ…ひどい

日誌 さくらぐみ

「子どもに比べて自分は成長してないかも…と気づく」の図

第1節 観察とは

「観察」という言葉は，日常的にも聞き慣れたものです。しかし，改めて保育を「観察するとは？」と考えてみると，それは果たしてどのような特徴をもつのでしょうか。

中澤[1]は，心理学研究の方法としての観察法を観察の事態と形態によって分類しています。図4-1を見て，保育のなかで観察を行うことは，どの観察事態で，どの観察形態にあてはまるか考えてみましょう。

保育者の観察は，保育中の子どもや保育者（自分自身も含めて）の自然の行動を観察することから，図4-1の「自然観察法」に当てはまります。観察形態としては，自分が保育者あるいは実習生として子どもとかかわりながら観察する場合は「参加観察法」に当てはまります。ただし，教育実習生の観察実習や，園内研究などで他の保育者の保育を見る場合など，ほぼ観察者に徹する場合は非参加観察法に近くなります。

また麻生[2]は，「観察」のあり方を，西欧近代科学に源流をもつ「科学的観察」と，日本の文化に深く根ざした「現象的観察」の2種類に分けています。前者は，自然科学の態度で目の前の対象をその背後にある「普遍」（種や類を見る）を求めるもので，後者は目の前の対象を唯一無二の個物としてとらえ，それをありのままに素朴に見るものです。麻生はこの「現象的観察」を，「幼稚園教育要領解説」[3]のなかの子どもが昆虫や動物などと接する姿に重ね合わせて次のように解説しています。

> [1] 中澤潤「人間行動の理解と観察法」中澤潤・大野木裕明・南博文（編）『心理学マニュアル観察法』北大路書房，1997年
>
> [2] 麻生武『「見る」と「書く」との出会い——フィールド観察学入門』新曜社，2009年，pp. 23-24.
>
> [3] 文部科学省「幼稚園教育要領解説」2008年

観察事態	自然観察法 ←―――――	実験的観察法 ――――――→	実験法
	（自然な事態のなかの行動を観察する）	（対象の行動が生じやすい環境を設定し観察する）	（実験室で実験を行い，行動を観察する）
観察形態	参加観察法（観察者の存在を明かす）	非参加観察法（観察者の存在を意識させない）	
	交流的観察 ⇔ 面接観察 ⇔ 非交流的観察	直接観察 ⇔ 間接観察	

図4-1 観察の事態と形態

出所：中澤（1997）p. 5を一部改変。

> 　自然は私たちを包み込んでいるのであり，知的に分析され分類される外的な対象ではない。クモの巣に光る霞は，それを見つめる子どもの心象風景の中で，置き換え不可能な独自の意味をもっている。ポケットの中の朝顔の種は，「ぼくが育てた」特別な種であり，それは決して店で売っている朝顔の種と交換可能ではない。子どもはアメンボに出会い，心の中で「アメンボさん，水の上滑るの楽しい？」と尋ねているのかもしれないのである。また，今出会っているアメンボは，昨日出会ったアメンボさんと同じなのだろうかと考えているのかもしれない。ウサギ小屋のウサギたちを世話する園児たちは，ウサギ一般を世話するわけでは決してない。そこでは，お母さんウサギや，お父さんウサギや，ふとっちょウサギや，赤ちゃんウサギや，耳黒ウサギなど，個体識別されたウサギの世話をするのである。
> 　私たち日本人にとって，「観察」とはこのように，まず目の前の具体物をありのままに捉えることを意味している。私たちは，ウサギという「種」の一例として目の前のウサギを観察するのではなく，例えば「うさ子」という名のうさぎを観察しているのである。観察によって，私たちはウサギ一般を理解するのではなく，まず「うさ子」を理解するのだ。

　この文章にある観察のあり方は，保育者を志す皆さんにとっては馴染み深いものではないでしょうか。それは，単に文中のような子どもと生きものとのかかわりを身近に感じるということではありません。子どもがウサギに接し理解する際に「ウサギ一般」ではなく，まず「うさ子」を理解するということが，保育の世界に身を置く皆さんには自然なこととして感じられるのではないでしょうか。

　保育者は，乳幼児期のそれぞれの月齢・年齢の時期の子どものおおまかな特徴を理解しています。しかし，保育者が子どもに接し理解する際には，それらの特徴を目の前の子どもに当てはめることを第一の目的とするのではなく，まずは「かけっこの好きな●●ちゃん」，「ブロック遊びが好きな△△くん」，「メダカに興味津々の〇〇ちゃん」というように，個々の子どもの具体的な姿をふまえ，それぞれに固有の名前をもった存在として理解しようとしているのです。したがって，保育者の観察は，麻生が指摘する「現象的観察」と重なるものであると言えます。

　次の節では，保育の観察における，子どもを見る見方の特徴について，さらに詳しく理解していきましょう。

第2節 保育の場で子どもを「見る」ということ

　保育者が子どもを観察することは、それは単に子どもを「見る」ことではありません。「子どもが自分の視界のなかにいる」イコール「見ている」ということにはなりません。子どもを見ることが子どもを理解することにつながり、その理解が子どもの育ちを援助するものであるように、「見る」必要があります。

　たとえば、ブランコで遊ぶ子どもたちの様子を見て「子どもはブランコが好きだなぁ、私も小さい頃はよくのっていたなぁ」という感想をもつにとどまっていては、保育者の「見る」にはなりません。保育者として同じ様子を見る場合、子どもがブランコで安全に遊べる環境になっているか、子どもはブランコにのって何を経験しているのか（何を楽しいと感じているのか）、ブランコで遊ぶなかで子ども同士はどのようなかかわりをしているか、またそれに保育者はどのようにかかわるべきか、といった、保育者としての自分の行為と結びつけて考え行動します。それが、保育の場で子どもを「見る」ということなのです。

　その場合、保育者の子どもを見る視点や見方として重要なことは、①共感的に見る、②かかわりながら見る、③子どもを取り巻く関係を見る、の3点があげられます。これらを含むことで、保育者の「見る」ことが、厚みのある子どもを理解することにつながります。

❶子どもを共感的に見る

　保育のなかで子どもを見る時には、子どもの行動を共感的に見ることが重要です。保育者を目指す皆さんは、もともと「子ども好きな人」である場合が多いと考えられるので、言われなくとも子どもを見る時には自然と、子どもの気持ちに寄り添った温かいまなざしを向けているかもしれません。

　しかし、保育のなかで出会う子どもの姿は、「かわいらしい」「ほほえましい」ものばかりではないでしょう。時には「なぜ、こんなことをするの？」と首をかしげたり、思わず「かわいいと思えない」と感

じてしまったりすることもあるでしょう。

たとえば、保育室のままごとコーナーにある食べ物やお皿・お椀、ぬいぐるみなどを全部一人占めしようとする3歳のAくんがいたとします。保育者であるあなたはAくんに対して「他の子にも貸してあげればいいのに」「仲良くみんなで使えばいいのに」と感じてしまうかもしれません。しかし、Aくんとしては好きなものを使って遊びたい一心であったり、他の子の気持ちまで考える余裕がなかったりしているのかもしれません。また、Aくんが家庭で大人に囲まれて、おもちゃも好きなだけ使える生活をしてきたとすれば、入園当初であれば何でも一人占めしてしまうのは無理もないと思えます。そのようなAくんの気持ちや育ちを理解しつつ、保育者は少しずつ他の子も使いたい気持ちをもっていること、おもちゃを譲ってあげて「ありがとう」と感謝されるとうれしいこと、他の子とおもちゃを一緒に使って遊ぶと楽しいことに気づけるような、援助をしていきます。

つまり、大人（自分自身）の価値観や基準だけで子どもの行動を「良い／悪い」と決めるのではなく、そのような行動にいたる（そうせざるを得ない）子どもの気持ちも含めて子どもの姿を理解しようとすることが「共感的に見る」ということなのです。

このような共感的に見る姿勢は、「カウンセリングマインド」という保育者の専門性に通じるものです。「カウンセリングマインド」とは、「一人一人の幼児の内面を理解し、信頼関係を築きつつ、発達に必要な経験を幼児自ら獲得していけるように援助する」ことを指します。カウンセリングの場面で、カウンセラーが相談者（来談者）の気持ちを自分のことのように感じ、相談者を共感的に温かく理解しようとする姿勢と共通点が多いことから、このように呼ばれています。

❷子どもとかかわりながら子どもを見る

普通「見る」という言葉からは、相手（対象）から距離をとり、相手に触れずに眺める状態が想像されるかもしれません。しかし、保育者の「見る」は、子どもから距離をとって見ることは少なく、かかわりながら子どもを見ることが多いでしょう。

実践に根ざした「人間学的な」子ども理解で知られる津守は、次のように述べています。

▶4　文部省「保育技術専門講座資料」1993年

▶5　「人間学的理解」とは、子どもの外部に立って子どもを対象化する理解の仕方ではなく、子どもの生活に参与して、子どもとかかわりながら、子どもの行為の意味を理解しようとすることです。子どもとの関係における自分自身の行為を省察することが重要になります。

▶6　津守真『子どもの世界をどうみるか——行為とその意味』日本放送出版協会、1987年、p. 134.

> 子どもの生活に参与する保育の実践においては，おとなは子どもと一緒に生きているから，子どもを対象化して行動を観察していない。子どもとの応答の中で，自分の全感覚をはたらかせて，子どもの行為を知覚し，子どもの世界に出会う。

　保育者は，子どもにかかわりながら子どもを見ることで，子どもの行動の意味をより細やかにとらえ，「子どもの世界」に出会います。たとえば，いつもは元気に登園してくるBちゃんが，ある日なぜか不機嫌な表情で登園してきた場面を想像してみましょう。Bちゃんに「おはよう」といつも通り声をかけても返事がなく浮かない顔をしています。そこで，保育者が「あら，Bちゃんどうしたの，お顔見せて」と抱っこしてあげると，Bちゃんの表情がゆるんで保育者に体を寄せて甘えてくるかもしれません。あるいは，Bちゃんは抱っこされてもなお表情を固くしてうつむいていたり，しばらく抱っこされた後にままごとコーナーで他の子と遊びはじめたりするかもしれません。いずれにしても，声をかけて抱っこをするというかかわりを通して，保育者は，Bちゃんのいつもと違う様子が単に眠いだけなのか，それともうまく言葉にならないしんどい気持ちを抱えているのかなど，Bちゃんの気持ちを探る手がかりをつかんでいくのです。

　このような場合，子どもが保育者に甘える，他の子と遊び出すといった具体的な行動は，その子どもの行動として独立したものではなく，保育者の醸しだす雰囲気，言葉かけの内容，遊具の準備の仕方などと関連しています。子どもとかかわりながら，子どもだけでなく自分自身の保育を振り返ることが重要になります。津守は養護学校（現：特別支援学校）における自分自身の保育経験から，学校の玩具を家に持ち帰ろうとした男児に対して，玩具を家に持ち帰らせなかった事例を振り返りこう述べています。

➡7　津守真，同上書，p. 132.

> 子どもが意地を張るときは，たいがい，おとなが先に意地を張っている。子どもの世界に参与するというのは，おとなが自分の考えを捨てて子どもの考えに従うというのではない。おとなは，自分の考えを何らかの仕方で子どもに表現しながら，子どもの世界に耳を傾けるのである。そのときに，おとなが自分の考えや感情に固執し始めたら，参与する関係は崩壊する。

　つまり，子どもとかかわりながら子どもを見ることは，自分のかか

わりを振り返り，見つめ直すことでもあるのです。 ➡8

❸子どもを取り巻く関係を見る

　子どもを見る時，子どもだけを見るのではなく，子どもを取り巻く関係を見ていくことも重要になります。子どもを取り巻く関係を見ることで，子どもの行動の意味をより的確にとらえることにもつながります。

　たとえば，自分が担任しているクラスに自分の思い通りにならないと他の子を叩いたり蹴ったり，暴言を吐いたりする4歳児Cくんがいたとします。これまでに述べてきたことをふまえると，保育者としてかかわりながらCくんの行動を細かく見ることで，どんな状況（他の子の遊びに入れてもらえなかった時，一斉活動など自分のペースで行動できない時など）でそういう行動をしやすいのか，そういう行動をした時にどんな対応をすると気持ちが立ち直りやすいかなどを知ることができるでしょう。それとともに，Cくんが周囲の人とどのような関係をつくっているか，どのような人間関係がその子を取り巻いているかを理解することでさらにCくんに対する理解が深まります。

　たとえば，Cくんのお母さんと個人面談をした時に，お母さんから涙ながらに次のようなことが語られたらどう感じるでしょうか。「Cは生まれて間もなく心臓の病気があることがわかり何時間にも及ぶ大手術をしたんです。4歳で幼稚園に入るまで入退院を繰り返しました。入院中はしたいことを我慢しなくてはいけないことも多かったので，家のなかではできるだけCくんのしたいことを制限しないようにしてきたんです。それで甘やかしてしまったのかのしれませんが…」と。

　このようなCくんの幼稚園入園前のエピソードやその背景にある親の思いを知ると，園での行動が，Cくんの生い立ちに深くかかわっていることがわかります。またCくんの生い立ちと保護者の姿勢には共感できる部分があります。同年齢の他の子どもに比べて社会的な経験が少ないことが，幼稚園でのCくんの行動とかかわっていることが理解されるのではないでしょうか。

　さらにCくんと他の子との関係を見て，トラブルの発端はCくんではないのにトラブルが起きるとつい「Cくんが悪い」と決めつけるような雰囲気があることに気づくと，Cくんの行動がそうした他の子のCくんに対する偏った見方からも醸成されてきていることがわか

➡8　子どもに直接かかわらずに子どもを見ることに意味がないというわけではありません。時には子どもと距離をとって子どもを冷静に客観的に理解できる側面もあります。しかし，その場合も，保育者は子どもに対する共感的な姿勢を忘れてはならないでしょう。

→9 子どもの発達や問題行動は，子ども個人の要因で生じるのではなく，子どもと保護者・保育者，子ども同士，保護者と保育者など，家庭・園・地域といった子どもを取り巻く関係性や社会文化的文脈を考慮してとらえることが不可欠です。（藤﨑眞知代ほか（編著）『育児・保育現場での発達とその支援』ミネルヴァ書房，2002年）

るのではないでしょうか。そして，クラスの子がCくんをそのように見てしまう背景に，保育者のCくんに対する態度が影響している可能性もあります。

このように子どもを，彼らを取り巻く関係も含めて見ることは，保育者の配慮がより必要とされる子どもや，保育者にとって気になる行動が見られる子どもの場合には，特に重要となります。特別な配慮を必要とする子どもと他の子どもとのトラブルが生じた際に，その子ども自身の行動にのみ原因を求めてしまいがちにならないように，子どもの行動は常に周囲との関係のなかで生じるものであることを忘れてはいけません。→9

第3節 記録をとることの意味

保育のなかで，自分の保育を記録することは，子どもとかかわることと並んで重要な仕事です。それは，子どもを見ることをより確かなものとする行為でもあります。

❶なぜ記録をとる必要があるのか

保育者が記録をとるのはなぜでしょうか。保育の記録は必要だとわかっていても，書くことのしんどさから疎ましく感じたり，記録することが惰性になってしまうこともあるかもしれません。改めて記録の意味を考えてみましょう。

まず何よりも，記録は自分の保育を振り返るためにあります。保育の記録を書くことによって，保育中の自分の行動や感情を改めて振り返り，意識することができます。保育を振り返ることは同僚の保育者と話すことによってもできますが，書くという行為は，自分の行動や感情と冷静に向き合うことにもつながります。書いたものは形として残るので，時間を越えて自分の保育を振り返ることを可能にします。

たとえば，新入園の3歳児クラスの担任保育者であれば，2学期になって1学期の4月の記録を読み返すことで，保護者と離れがたかったなどの入園当初の様子などと比較して子どもの成長を実感すること

ができます。また，子どもの成長の過程を振り返ることを通してそれぞれの子どもについての理解を新たに深めることができます。さらには，自分自身の保育者としての子どもの理解やそれに基づくかかわり方，具体的な環境構成や教材研究が適切であったかどうかも時間を置くことで冷静に振り返り，反省することができます。

　次に，言葉にすることで，自分の保育を他者に伝えることができ，他者と分かち合うことができます。保育を伝え合うことは，話し言葉によっても可能ですが，文章として残された記録があることで，話し合いを深めたり，考えていることを伝え合ったりすることがよりスムーズになります。保育カンファレンスや園内研究会の際にも，具体的な事例や子どもの状況をまとめた資料があることで，漠然とした印象や曖昧な記憶に頼ることなく，話し合いを進めることができます。

　しかし，保育は振り返るため，伝え合うためだけにあるのではありません。記録によると振り返りと伝え合いが明日以降の保育につながることが重要です。河邉は「保育に生きる記録」の意味として，「記録が次の保育の構想につながる」こと，「自分の保育に対する枠組みを自覚し，広げること」の2点をあげています。[10]

　1つ目の「次の保育の構想につながる」というのは，自分の保育を記録し振り返ることは，振り返ることで終わるのではなく，それを明日以降の保育に生かすという意味です。あらかじめ指導計画を立てて行っていても保育には常に反省が伴います。たとえば，ある保育者が秋に「どんぐりや落ち葉を使って動物（ウサギ，クマなどの顔）をつくる」という活動を計画したとします。実際の保育のなかで，興味を示さず，活動に参加したがらないDちゃんがいた場合，Dちゃんが活動に参加したがらなかった理由を振り返り，配慮が足りなかった点やもう少し工夫すべきだった点を見出していきます。

　記録を書くなかで，Dちゃんの姿が製作活動に対する苦手意識から生じていることや，Dちゃんが最近好きな遊びがテレビアニメの音楽に合わせて友達と一緒に踊ることであることに気づいたならば，保育者はDちゃんが興味をもつように，どんぐりを使った楽器（マラカス）や落ち葉で踊り用の髪飾りの製作を提案し，一緒につくろうと誘いかけたり，まず保育者がつくってみせたりすることを考えるかもしれません。このように，保育を記録することを通して，自分の保育を振り返ることが，次の保育の構想につながっていくのです。これは，記録を通して一人ひとりの子どもについての理解を深めることでもあ

[10] 河邉貴子『遊びを中心とした保育——保育記録から読み解く「援助」と「展開」』萌文書林，2005年

ります。

2つ目の「自分の保育に対する枠組みを自覚」するというのは，記録によって保育を振り返る際に，記録の背後にある子ども観や保育観といった保育をとらえる枠組みを自覚することです。先ほどのDちゃんの例で考えてみると，子どもが活動に取り組むことで保育の良し悪しを判断する保育観をもっていた場合，保育者はDちゃんの姿を活動に意欲的でない姿として否定的にとらえてしまうかもしれません。しかし，子どもが活動に「取り組むかどうか」よりも「どのように取り組んでいるか」が重要であると考えていれば，Dちゃんがなぜ参加しないのかを丁寧に読み取り，Dちゃんが意欲的に参加するようになる教材やかかわりを工夫していくことになるでしょう。

このような保育観（子ども観）は，保育者自身にとっては「当たり前」となっているがゆえに普段は意識しにくいものですが，記録を書くこと，またそれを他の保育者に読んでもらい意見を交わすことがそれに気づくきっかけになります。

❷保育記録には何を書けばよいのか

保育の観察が明日の保育に生きるものとなるためには，具体的にどのような記録を書けばよいのでしょうか。記録にはどのような内容が盛り込まれているべきでしょうか。どの程度詳しく書けばよいのでしょうか。

Work

次の(1)～(3)の3種類の保育の記録を読んで，皆さんはどう感じますか。保育の記録としてはどの書き方がよいと思いますか。その理由は何ですか。
(1) K君，探索活動がさかんになってきた。
(2) K君は散歩の途中，いろいろなものに興味をもち，いちいち試してみたがるので，ずいぶん時間がかかってしまった。
(3) K君の散歩。
　バスが来る。指さして「ケンモ，ケンモ」といいながらじっと見送る。（ケンモノリタイの意）
　歩道わきに積んである庭石によじのぼろうとする。ちょっと手をそえて助けてやると，上（50センチくらい）までのぼり，両手をとってとびおりさせてくれと身ぶりでせがむ。モットのくりかえしでとうとう10回。こちらがくたびれて強引にその場を離れさす。
　次は，敷石にはうアリを見つけて後戻り。とうとう座り込んで指でつぶそ

うとけんめいになっている。
　広い道に出ると，手をふりきってかけだす。左右に身体をゆすりながらもだいぶリズムにのってきて早くなった。ヨーイドンとさそってやって園まで連れ戻す。
　3分もあれば帰れる道のりを，なんと15分もかかって帰ってきた。

　この3種類の記録は，保育所の子どもたちが近くの公園に散歩に行った時の1歳7か月のK君についての保育者の記録です[11]。これらの記録に対して吉村は，次のように述べています。

> (1)ではあまりに省エネすぎてわかりません。電報を打つわけではないし，こんなに字数を制限することはないです。
> (2)は，なるほどそういう場面で，とわかりますが。スペースがあったら「いろいろな」の興味の内訳をあげてほしい気がします。この記事では，1歳半でも2歳でもあてはまります。
> (3)のばあいは，いかにも1歳7ヵ月児らしいK君のようすが具体的に書かれていてよくわかります。そのうえ，運動発達のことも，興味の対象例も，ことばも，保育者に対する親しみと信頼も，K君の性格もわかる気がします。

　これらの記録に対する指摘にあるように，保育の記録は，(3)のように子どもの行動の様子をある程度具体的に書くことが必要です。(2)と(3)の記録を比較するとわかるように，(2)の「いろいろなものに興味をもち」「いちいち試したがり」というK君の様子を，(3)のように「バス」を指さして見送ったり，「庭石によじのぼろうと」したり，「敷石にはうアリ」を指でつぶそうしたりする姿として具体的に書くことで，K君の行動とK君の興味に丁寧に付き合う保育者のかかわりが生き生きと伝わります。
　しかし，当然ながら登園から降園までの1日の保育の様子をすべて具体的に網羅して書けばよいというわけではありません。新聞に昨日の日本中・世界中の出来事すべてが書かれているわけではないように，必要な内容を取捨選択して書くことになります。
　記録をどの程度詳しく書くか，という明確な基準があるわけではありませんが，その場面を見ていない人が記録を読んで出来事の経過や子どもの行動とその内面が大まかに理解できる程度の具体性は必要と

[11] 吉村真理子『保育実践の創造』ささら書房，1981年

第4章 「子ども理解」を深める観察と記録

なります。

河邉は，必要な内容を的確に含み，事実の羅列だけで終わらない記録のポイントとして「遊び課題」と「仲間関係」の2つをあげています[12]。「遊び課題」とは子どもが遊びのどこに面白さを感じているかという遊びの動機づけであり，「仲間関係」とは具体的な遊びにおける子ども同士の関係のあり方のことです。

たとえば，「遊び課題」と「仲間関係」を考慮すると，4歳の男児数名が園庭でバッタやダンゴムシなどの虫捕りをしていた場合，男児たちは虫捕りの何に面白さを感じているのか（遊び課題），男児たちの関係（仲間関係）はどのようなものなのかを読み取ります。「遊び課題」に注目すれば，虫捕りの面白さは虫を捕まえること，捕まえた虫を育てること，捕った虫を見せ合うことなど，さまざまな楽しみがあり，それらを区別し具体的に書きます。「仲間関係」に注目すれば，虫捕りをする男児たちは以前からいつも一緒に遊んでいるグループなのか，普段はそれほど一緒に過ごさないが虫捕りという共通の目的で集まったのか，そのグループのなかでリーダーとしてみんなを引っ張っている子は誰か（あるいは，力関係が固定して居心地の悪い思いをしている子はいないか）などを具体的に書きます。

> [12] 河邉貴子『遊びを中心とした保育――保育記録から読み解く「援助」と「展開」』萌文書林, 2005年, pp. 59-60.

❸保育記録の書き方の実際

オーソドックスな記録の書き方は，教育実習の実習日誌のように1日の出来事を1～2ページに横書きで書く場合が多いかと思います。ここではすべてを文章で書く日誌とは異なる，図を盛り込んだ記録の書き方を紹介します。

①環境図記録

図4-2の河邉による「環境図記録」[13]は，複数の場で同時に展開する遊びをとらえることができ，今日の保育を明日の保育計画につなげる上で有効な形式です。環境図記録では子どもの遊びの空間を俯瞰した図が描かれます。図4-2では「ディズニーランドごっこ」「お土産やさんごっこ」「11匹の猫ごっこ」などの遊びがどの場所で，誰が参加して行われたかが具体的に記述されています。保育室やホール，園庭などで同時並行して行われる複数の遊びを思い浮かべる保育者の頭のなかが図示されている形式と言えます。

「環境図記録」では，環境図の左右に 遊びの姿 として，保育者が保

> [13] 河邉貴子, 同上書, pp. 82-83.

環境図記録　2年保育第5歳児6月

2年保育5歳児
さくら組　保育記録　6月8日（月）
在籍　男児21名　女児14名　計35名
本日の欠席……1男、Q男、E男、G子

<子どもの経験　明日に向けて>

・F男にとっては、遊びの幅を広げるよい機会。
・友だちの中心に関心を示してはいるが、遊びに加わっていく姿をとらえていこう。
・いつもの友だちを中心にしながらも、イメージを出し合って遊ぶおもしろさを感じとっているのだろう。
★イメージを実現していく喜びを十分に味わわせたい。

<遊びの姿>

・いつもサッカーにとんでいくF男は、雨のため、けやき組のサッカー仲間としばらくホールの積み木の上に座っていた。いつもの仲間と同じホールでの行動ではあったがディズニーランドごっこの仲間になっていた。「サッカーばかりでいいのだろうか」という思いがあったが、このように他のおもしろそうな他の遊びに自分からかかわっていける姿を見て、心配することはないなと思えた。

・ディズニーランドごっこでは、A子（今日、金）にA子が一人でつかってやってきたことがきっかけになって、お土産屋をやっていたA子たちも「お土産売っていってきて」と言ってくれたちは、店を持つすぐに準備材料を出しておいたカゴを持って、遊びの目当てが鮮明である。（A子、L子）

・お土産屋が準備に入り、S男は早くから巧技台で遊園地をつくっていたのであるが、欠席明けのA男にはイメージがうまく伝わらなかったのか、あるいは月曜日の朝であるためのエンジンがかからぬまま違う。

・しばらくして学校ごっこをしていた女児が「遠足にきた」という設定で、登場、イメージが広がったようだ。「にこここにすわってください」「自動販売機がやってくださいね」と、S男、C子、J子の4人一気になりつくりあげた。

・久しぶりに登園してきたE子。この弱い場所が安定の場であったようだ。

<全体の様子>

・1週間の始まりというのに、朝はすごい風雨でしかも蒸し暑く、いかにも梅雨という感じである。先週末にも欠席の子どもが多く、遊びの目当ても鮮明にもって登園してきた子どもと、欠席明けで日ごろのつながりから仲間にはいるというイメージのつながりが薄いと、子どもの間に少し「間」ができ間があった。遊びが軌道に乗るのに時間が必要だった1日である。

<ホールの環境>

他クラスの基地

→F男、C男

ディズニーランド
A男、S男
C子、J子

②お土産屋さんごっこ
A子、L子

大型積み木

ピアノ

①ディズニーランドごっこ

④学校ごっこ
保育者　T男
O子、N子、P子

<保育室の環境>

③11匹のネコごっこ
U男（F子）D子、N男

E子、I子、R男

ロッカー

動物園づくり
H男（O男、B男）

製作

K子（G男）

教材置き場

水道

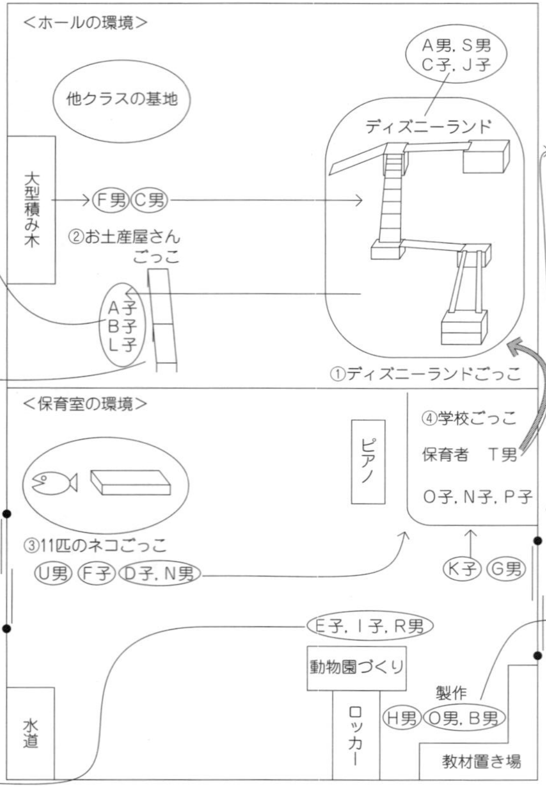

<遊びの姿>

・「11匹のネコごっこ」は中心的な役割をしていたT男が欠席ということもあって、のうちは（土）のメンバーは戸外に出ていったというよりメンバー間のつながりが薄いせいかと思うが、U男も同様。

・9：30過ぎ、ネコの母さんをやっていたF子が私の床に出ていたボールを見つけて「これを船にして魚を釣りに来てね」。魚を描いて一番魚釣りに戻ってきた。今度は私もそれに乗って、学校ごっこがおもしろそうに見えたのか「ネコの母さんも学校に行って勉強したい」ということで、結局全員がネコは学校の生徒になった。

・この遊びの長続きしなかったのは、メンバーのつながりが弱かったためイメージを相互に受け入れ合って遊ぶことができるいた時ではないだろうか。だからこそ、おもしろそうな遊びに合流してしまうのではないだろうか。

・O男、B男
（今日、十分に遊びを見とれなかった子ども）

・L男、M男、K男、J男
基地の場所がもてずにフラフラしてしまうのだろうか？

・O男、B男
材料を工夫してさまざまな武器をつくっているが、このでつい見過ごしている。

<子どもの経験　明日に向けて>

・D子、N男は、この2人以外の友だちがかかわる姿を大切にしていこう。やはりメンバー間のつながりが薄いかと思うが、U男も同様。

・学校ごっこでこのメンバーは保育者のそばでも遊んでいるので、

★メンバーのイメージを引き出しながら遊びを進め、U男は保育者との関係を主体的に動けるようにしてもらいたい。

・明日以降の課題。
・毎日の場がもてずにフラフラしている子どもを工夫して関係の安定をはかっていきたい。

図4-2　環境図記録の例

出所：河邉（2005）、pp. 82-83.

育しながら読み取った子どもの姿が具体的かつ簡潔に書かれています。

さらに，環境図記録の左右の端の欄には 子どもの明日の経験に向けて として，遊びの姿 に基づく，保育者が読み取った「子どもの内面」と「保育者の願い」，さらに明日以降の「具体的な援助の可能性」が書かれます。

このように「環境図記録」はその日の子どもの遊び全体を俯瞰しつつ，内側から外側に向かって，遊びの読み取りから次の保育の構想への過程が記録できる形式となっています。

②「空間経過記録」

図4-3は，筆者が用いている観察記録の形式です。左端の欄が時間の経過を示し，上部に場所の名前が観察された場所を示しています。図4-3では3歳児での保育室の積み木遊びの様子を中心に，積み木の積み方や子ども同士のやりとりなどが具体的に書かれています。

この「空間経過記録」の大きな特徴は4つあります。1つ目は，特定の子どもや活動，場に焦点を当てつつも，同じ空間（保育室であれば保育室全体。保育者・観察者が見渡せる範囲）にいる他の子どもたちの動きや声を書き込めることです。保育は，同じ時間と同じ空間のなかで子どもたちがさまざまな活動を行い，直接的，間接的に影響し合いながら展開します。図4-3で，積み木をめぐって生じた男児のいざこざは，ままごとコーナーで女児が積み木をたくさん使ってテーブルを作っていたことから間接的に影響を受けています。

2つ目は，時間の経過に沿った活動の展開をとらえることができることです。子どもの遊びは時間とともに内容も変化していきます。同じメンバーで同じ遊びをしているように見えても，詳しく見ると遊びの内容や子どもが面白さを感じている点が変化していることがよくあります。時間軸上のある時点の姿だけでなく，その経過，遊びの過程を流れとしてとらえることができます。この点は，図4-3のなかでは長く伸びた矢印によって表現され，積み木をめぐるいざこざの展開がわかります。

3つ目は，図を盛り込むことによって子どもや保育者の行動を具体的に詳しく書けるということです。子どもが遊びでつくるものなどを絵に描くことで，子どもの遊びを具体的に詳しく理解することができます。絵は，子どもの身体の動きや子どもの位置など，言葉では表現しづらい非言語的な情報がわかりやすく記録することに向いています。図4-3のYが積んだ積み木の絵からは，Yがたくさん積み木を使い

➡14 砂上史子「幼稚園教育における観察と記録の重要性——幼児の内面をとらえる視点と記述」『初等教育資料』平成22年1月号（No. 856），東洋館出版社／文部科学省教育課程課／幼児教育課，2009年，pp. 78-81.

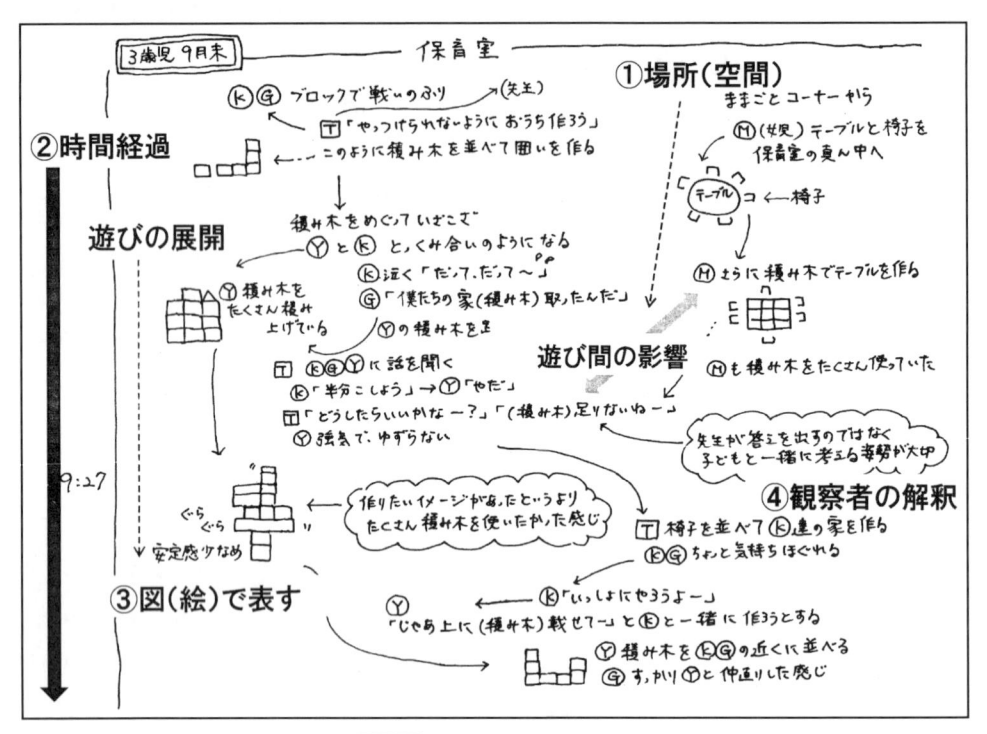

図4-3　空間経過記録の例(1)

→出所：砂上史子「幼稚園教育における観察と記録の重要性──幼児の内面をとらえる視点と記述」『初等教育資料』平成22年1月号（No. 856），東洋館出版社／文部科学省教育課程課／幼児教育課，2009年，p. 81を一部改変。

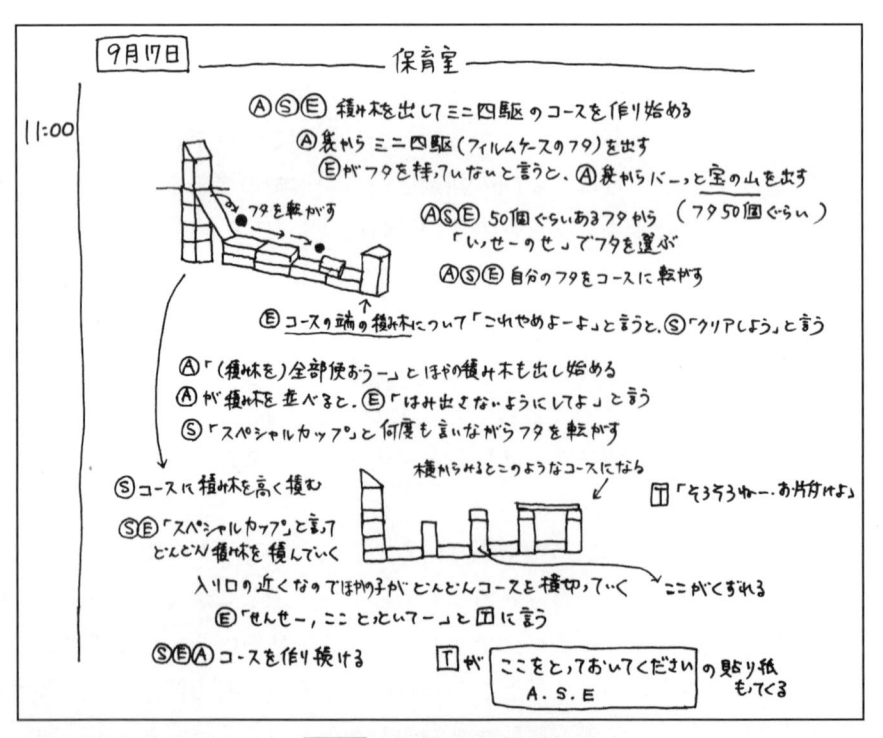

図4-4　空間経過記録の例(2)

→出所：砂上史子「観察のまど　子どものにわ(6)フタ転がし遊びでの子どもの経験」『幼児の教育』108(11)，日本幼稚園協会／フレーベル館，2009年，p. 32から一部抜粋。

▶15 砂上史子「観察のまど 子どものにわ⑹フタ転がし遊びでの子どもの経験」『幼児の教育』108⑾，日本幼稚園協会／フレーベル館，2009年，pp. 30-35.

たかったことが推測されます。また，図4-4のようにひとつの遊びをクローズアップして詳しく書くこともできます。

4つ目は，図4-3にあるように，観察者である筆者が感じたことを他の文とは別に波線で囲むことで，自分自身が感じたことを他の記述と区別できます。これは記録における「事実」と「解釈」を混同しないためにも有効です。

この「空間経過記録」は1つの場所での遊びを詳細かつわかりやすく記録することができる一方で，保育室，遊戯室（ホール），園庭といった異なる場所で同時に展開する遊びを記録することにはあまり向いていないという限界もあります。したがって，この形式は，教育（保育）実習の観察実習や，主に1つの場所で観察する場合に向いているといえます。

❹記録をもとに保育を共有する

これまでに述べてきたように，保育記録は自分の保育を振り返り，明日の保育をよりよいものにしていくためのものです。自分自身が書き・読むことと合わせて，それを他の人に読んでもらいコメントをもらったり，記録をもとに意見を交換したりすることも記録を通して保育を高め合う上で有効です。他の人の記録に触れることも，子どもや保育のあり方について新しい気づきを得ることにつながります。

さらに学びたい人のために

- 麻生武『「見る」と「書く」との出会い――フィールド観察学入門』新曜社，2009年

  中学生の幼稚園観察実習と大学1年生の基礎演習の授業から，豊富な事例を通して観察するとは何か，観察したことを言葉で表現するとはどのようなことかという問いに迫っています。「見る」ことと「書く」ことの根底にある難しさと複雑さに気づくことができます。

- 津守真『子どもの世界をどうみるか――行為とその意味』日本放送出版協会，1987年

  子どもの描画や保育の具体的事例を通して，子どもの行為を子どもの内的世界の表現としてみる，「人間学的理解」のあり方を論じています。子どもの行為を丁寧に共感的にとらえようとするまなざしと，それに対する解釈の奥深さは，子どもの世界だけでなく保育の世界の豊かさを示しています。

・河邉貴子『遊びを中心とした保育——保育記録から読み解く「援助」と「展開」』萌文書林，2005年
  遊びを通して子どもたちが発達に必要な経験を積み重ねていく保育について「園での子ども遊びをどう読み取るか」「子どもが遊びのなかで育つことをどうとらえ，どう保育を構想するか」ということを，実践記録を通して具体的に述べています。個人記録，環境図記録，経過記録など，さまざまな記録の形式や，保育の記録の取り方と活かし方を学ぶことができます。

演 習 問 題

1. 幼稚園や保育所の子どもの遊びの映像（教員研修用映像など＊）を視聴し以下のことについて話し合ってみましょう。
   ① 子どもがどのような気持ちかを想像し，グループで話し合ってみましょう。
   ② 映像のなかの子どもの遊びの「遊び課題」と「仲間関係」は何か考え，グループで話し合ってみましょう。
   ＊ 例：新規採用教員研修用ビデオ「幼児とのかかわりを考えるシリーズ」①〜⑩　岩波映像社
2. 幼稚園や保育所などで1時間程度保育の様子を観察し，以下の方法で記録を書いてみましょう。
   ①「環境図記録」の形式にならって記録を書いてみましょう。
   ②「空間経過記録」の形式にならって記録を書いてみましょう。

第5章

「子ども理解」を深める保育カンファレンス

　日々ともに生活をしている子どもたちの育ちを支えていくためには，子どもたちの傍にいる保育者たちが，一人ひとりの子どもたちをよりよく理解していく必要があります。また，保育は一人で営むものではありません。同僚同士の連携や理解をなくして，一人ひとりの子どもの思いに迫ることはできません。そして，子ども理解や同僚同士の連携を深めるためには，日々の子どもの様子や保育の中身を同僚と語り合うことが重要です。

　では，何を，どのようにして語り合えばいいのでしょうか。そこで本章では，子ども理解を深め，同僚同士の理解をも深める一つの園内研修のあり方として「保育カンファレンス」を提案します。保育カンファレンスの魅力は，仲間と子どもの姿や出来事を共有し，それに対するさまざまな見方や意見を出し合い，多面的に子どもの姿をとらえ直し，多様な可能性を見出していけることにあります。

　皆さんにも実際に経験してもらえるような「実践編」も用意しました。具体的な子どもの姿をもとに，さまざまな意見や見方を出し合い，子ども理解を深める面白さやその重要性を一緒に味わってみましょう。

ーカンファレンスー
ジュン君が友だちに
手をあげてしまう
じゃあ 今日は このテーマで
そう最近 よく手が出ちゃう のよね…
でも ジュン君 何かを伝え たいのかも しれないヨ
日誌
日誌
昨日は一 ケン君と ユキちゃんが 話しているとき…
今日は カズ君と ユキちゃんが 遊んでいるとき…
あれ？ それって もしや…
もう少し じっくり 観察して みようか〜

第5章 「子ども理解」を深める保育カンファレンス

第1節 園内研修の必要性と意義

[1] ベネッセ次世代育成研究所「第1回幼児教育・保育についての基本調査」2008年

　図5-1は，ベネッセ次世代育成研究所が幼稚園と保育所に対して行った調査結果をもとに作成したものです[1]。この調査結果によれば，幼稚園，保育所を問わず，保育をするうえでも，園を運営していくうえでも，園で働く職員の質の維持とその向上が課題になっていることがわかります。そこで，質問です。

> みなさんが園の園長や主任であるとして，園で働く職員の質を高めるためには，どのようなことをしたらよいと思うかあげてみてください。

　どんなことを思いつきましたか？　筆者が学生に聞いてみたところ「今受けている授業のような会を開く」，「手遊びや絵本の読み聞かせの練習会や講習会を開く」，「大学の先生を園に招く」，「日々の保育のなかでの喜びや悩みを出し合う会をつくる」，「事例をもち寄って話し合う」，「先輩の話を聞く会をつくる」，「園庭遊びマップをつくってみんなで話し合う」などがあがってきました。

　どれも面白そうな試みだと思いませんか。こうしたことを，実際の現場では，園内研修のなかに取り入れることができます。園内研修は，園の保育や個々の職員の質を高めていくための手段の1つです。その

	幼稚園（国公立）	幼稚園（私立）	保育所（公営）	保育所（私営）
1位	教員の質の維持，向上　39.9%	教員の質の維持，向上　36.9%	保育士等の質の維持，向上　44.2%	保育士等の質の維持，向上　51.7%
2位	幼稚園教育の重要性の周知　36.2%	新たな園児の獲得　36.6%	保育士等の確保　42.4%	予算（補助金，保育料など）の確保　44.6%
3位	教員の確保　33.9%	予算（補助金，保育料など）の確保　35.9%	施設・設備の充実　42.3%	保育内容・方法の充実　40.0%

図5-1　保育実践上，運営上の課題

注：「とてもあてはまる」の割合。幼稚園と保育所の調査で重なる項目のなかで，それぞれ数値の高い上位3項目を掲載。
出所：ベネッセ次世代育成研究所『これからの幼児教育を考える』2009年秋号，2009年，p. 3.

やり方には、さまざまな方法があります。先の学生の答えの例にもあったように外部から講師を招いて話を聞くこともあれば、外部の団体や機関と連携しながら行う場合もあります。その一方で、本章で取り扱う「保育カンファレンス」のように、保育者にとってもっとも身近で具体的かつ現実的な課題を日々の保育から取り出して行うこともできます。いずれにしても、園内研修が誰かに「やらされる」（反対に「やらせる」）ものであっては意味がありません。なぜなら、それでは、一見表面的には質が向上したように見えても、実際には何も変わっていないことのほうが少なくないからです。

園内研修の最大のメリットは、秋田が指摘しているように、それぞれの園が抱える課題をテーマにできることです。同じ園の職員が一体となって「園の保育をよりよいものにしたい」、「子ども理解を深めたい」といった共通の目標・目的をもちながら、個々の保育者が日々の保育を「振り返り」、自分の保育を見直し、視野を広げ、新たな課題や目標を見出していくことが、一人ひとりの職員の資質の向上や園全体の質の向上に繋がっていくのです。また、そうした過程では、自分たち（あるいは、自分）にとって当たり前になっていたことを再確認し、問い直すきっかけにもなると考えられます。

よって、どのような方法を取り入れるにしても、参加する一人ひとりの知的好奇心に基づき、自分なりの見方や考え、悩みや疑問などが自由に発言でき、仲間に共有してもらえることが大切です。そうした職員の「学び合い」が自分の保育や見方を問い直す姿勢を育むとともに新たな可能性（子どもの見方や具体的な手立てなど）をも育み、明日の保育への活力、さらには質の向上へと繋がっていくのです。

➡2　秋田喜代美「振り返り、課題を見つけ、改善を図るサイクルを」ベネッセ次世代育成研究所『これからの幼児教育を考える』2009年秋号, 2009年, pp. 1-5.

第2節　保育カンファレンスとは何か

❶保育カンファレンスが生まれる経緯

本章で取り扱う「保育カンファレンス」は、園内の職員間で思いを共有し、学び合い、明日の保育への活力を生み出す方法として有効で

第5章 「子ども理解」を深める保育カンファレンス

す。ここで言う「カンファレンス」とは，もともと医学や臨床心理学などにおいて，医師や看護師，カウンセラー，ケースワーカーなどが，臨床事例に基づいてその事例に関するそれぞれの判断を出し合って検討し合い，より適切な診断を求めていくとともに，その過程を通して専門性を高めていく場を意味するものでした。

稲垣は，これを学校教育における授業の検討に応用して，「授業カンファレンス」の試みを提唱しました。そこでは，正答や意見の一致を求めず，多様な意見のつき合わせによって，参加者が自分の考えを再構築し，それぞれが成長していくことを重視していました。そして，森上は，医学や臨床心理学におけるカンファレンスや授業カンファレンスの試みから示唆を得て，「保育カンファレンス」を構想し，1980年代後半以降実践を試みています。

❷保育カンファレンスの備えている特徴

森上は，保育カンファレンスの特徴として次の4つをあげています。

①「正解」を求めようとしない

授業等のなかで，何を自由に発言してもよいと言われても，その場の雰囲気などによっては，「こんなことを発言しては笑われる」からと，自分の実感したことを圧殺して，「正しい意見」を言おうとしてしまうことはないでしょうか。さらに，その「正しい意見」は大抵の場合，教員の側にあって，教員の考えを先取りしてしまうことはないでしょうか。同様に，研修の場においても，なかなか自分が本当に思っていることを言えず，園長やベテランの考えを先取りして発言せざるを得ないことも少なくありません。しかし，それでは，既存の園の枠組みに入りやすい発言ばかりが多くなっていくものです。

授業や研修等に置いて，多様な意見を求める本当の意味は，多様な意見が出ることによって，自分（教員やベテランなども含む）にはそれまでなかった視点に気づき，自分がゆさぶられたり，自分の枠を広げたりすることにあります。それが，個々の成長に繋がっていくのであり，「正解」を求めることに目的があるのではないのです。

②本音で語り合える雰囲気をつくる

人はどうあろうとほかならぬ「この私」はこうとしか感じられないということをありのままに発言できる雰囲気をつくることが重要です。それが言いにくい雰囲気で，「たてまえ」が語られるばかりでは，保

➡3 稲垣忠彦ほか（編）『発達の壁をこえる』岩波書店，1992年
稲垣忠彦・佐藤学『授業学入門』岩波書店，1996年

➡4 稲垣は医学や臨床心理学におけるカンファレンスに，アメリカの教育学者アイスナー（Eisner, N.）の「教育批評」（educational criticism）という考え方をつけ加えて修正しました。

➡5 森上史朗「カンファレンスによって保育を開く」『発達』68，ミネルヴァ書房，1996年，pp. 1-4.

➡6 森上史朗，同上書。
森上史朗「実践の省察とカンファレンス」森上史朗（編）『幼児教育への招待――いま子どもと保育が面白い』ミネルヴァ書房，1998年，pp. 156-157.

育カンファレンスとは言えません。「受容しなくてはいけない」「共感しなくてはいけない」ということは頭でわかっていても，受容できない自分，共感しにくい自分がいる，その内面を本音で語り合えることが重要なのです。

③相手を批判したり，論争しない

　批判されたとか，論争に負けたということになると，相手の意見や見方が正しいと感じても，それを受け入れることに抵抗感が生まれます。そもそも，意見の優秀性を競い合うような場では，いい意見，他人に負けない意見を言おうということだけに熱中することになります。そうなると論争には負けたけれど「何か違う」というモヤモヤした感情だけが残り，建設的な方向には向かいにくいものでしょう。よって，まずは話題を提供してくれる人の身になり，その人の喜びや悩みを共有する姿勢が必要なのです。

④「教える人」と「教わる人」という関係を乗り越える

　一部の人（たとえば，園長やベテランなど）が若い人を導くという形にならないようにすることを意味します。誰かが保育上の問題や悩みを出して，その人の問題や悩みをみんなで考えてあげるというのがこれまでの園内研修では一般的でした。しかし，自分の問題を提起する人と，それを聞いて考えてあげる人という関係が固定化するのではなく，その問題をめぐって，それぞれが自分の問いを立てて自分の問題として考えていく姿勢が求められます。よって，保育カンファレンスのなかで自分も育ち，相手も育つという育ち合いの雰囲気をどのようにつくるかを考える必要があるのです。保育の「よろこび」と「奥深さ」と「難しさ」をみんなで共有し合うことが基本になるのです。

❸なぜ，保育カンファレンスが必要か

　以上のような保育カンファレンスの特徴は，子どもを理解するうえでの重要なポイントととらえることもできます。つまり，子ども理解には「正解」がなく，仲間とともに育み，深めていくものだということです。また，すでに述べたことからもわかるように，保育カンファレンスは，どの子にも当てはまるような子どもの姿や誰にでも通用する保育者の援助などを一般化していこうとするものではありません。むしろ，徹底的にその子やその保育者（語り手）の立場にたち，個別・共感的な理解を進めようとするものです。もちろん，その過程に

おいては，まったく違う子どもの姿や保育の場面が，個々の参加者のなかに浮かび上がってくることはあるでしょう。そして，それらをとらえ直し，自分の見方やかかわりを問い直すことが重要なのです。

このように自分自身の保育（自分のかかわった子どもの姿を含む）を振り返り，自分自身の保育を問い直すといった「省察」が園の保育や個々の保育者の質を高めていくために必要であることに違いはなく，これまでも強調されてきました。しかし，ただ言葉で省察の重要性を訴えるのではなく，個々の保育者がその必要性を実感し，自分たちの成長に生かしていくことがむしろ重要です。そのためにも，保育カンファレンスを通してじっくり子どもの姿や保育を味わっていくことが必要なのではないでしょうか。つまり，仲間とさまざまな思いや子どもの姿を語り合い，それぞれが省察を育み，自分たちの保育に生かしていくことの意義は，さまざまな思いや子どもの姿を語り合うなかでこそわかってくると考えられるのです。それゆえに，保育カンファレンスは，園や個々の保育者の質の向上，そして個々の子ども理解を深めていくために欠かせないのです。

では，そのように保育カンファレンスを生かしていくためには，どのようなことに気をつければよいのか次節で考えてみたいと思います。

第3節 保育カンファレンスを「子ども理解」に役立てるために

❶テーマの設定について

保育カンファレンスは，子ども理解に役立てることが基本です。また，保育カンファレンスのよさは，誰かに答えを求めたり，教えを乞うのではなく，日々接している子どもの姿やそこから浮かび上がるさまざまな課題について語り合い，その語りを深めていくことが，自分たちの保育を見つめ直し，考えることになり，結果として保育そのもののあり方を深めることにも繋がることにあります。よって，「わかりきっていること」をテーマにするのではなく，「わからない」とか「もっと知りたい」という「問い」や「気になっている」ことをテー

マや話題にするのです。そうは言っても,「わからないことがわからない」という場合もあるでしょう。そうした場合には,日々の保育において素朴に感じていること,仲間に聞いてほしいことなどをテーマや話題にするとよいと考えられます。あるいは,すでに販売されている保育ビデオなどをカンファレンスの題材とすることも可能です。反対に,カンファレンスに慣れないうちは,保育者のかかわり方や環境の構成の仕方など,どのような保育をしているかが可視化されやすい事柄をテーマとしない方が自由に発言しやすいと考えられます。ただし,カンファレンスに慣れてきて,場面を提供する保育者自身がぜひ,保育者のかかわりや環境のあり方について語り合いたいと考えている場合はその限りではありません。

　いずれにしても,どんなテーマでカンファレンスをしたいか(方法や外部から呼びたい講師の選出なども含む),どんなことを話題提供したいかなどを,いつも園長や主任などの一部の保育者が決めるのではなく,職員から募ることがあってもいいのではないでしょうか。テーマ設定をも工夫していくことが,「やらされる(やらせる)」カンファレンスから自分たちの子ども理解のための主体的なカンファレンスをつくっていく一歩になるのです。

❷子どもに肯定的なまなざしを向け,子どもの内面に迫る

　○○が「できる」「できない」といった子どもの表面的な姿を見るのではなく,その背後にある思いや興味・関心を読み取ることに主眼を置くことが大切です。

　たとえば,すぐに手が出てしまう子どもに,ある保育者が文字通り手を焼いていて悩み,そのことをカンファレンスにおいて話題にするとします。そのためには,その子がどんな場面で,どんな相手に手が出てしまうのか,そして,語り手となる保育者自身がどのような状況に手を焼いているのかがわかる「語り」や資料が必要となります。しかし,単にその子を「乱暴な子ども」と否定的に決めつけ,どうやって止めさせるかを語り合っても,子ども理解は深まりません。

　むしろ,その子がなぜそうしているのか(行為の意味)をみんなで探っていく必要があるのです。そのためには,話題となる子どもへの共感的・肯定的なまなざしを向けることが必要不可欠になります。ま

た，周囲の子どもとの関係，保育者との関係などにも目を向けていく必要があります。

つまり，その子がそうすることの多様な可能性を探り，多面的にその子の育ちをとらえ，それらを仲間と共有し，自分たち自身のかかわりや見方を問い直すとともに，結果として「今度はこうしてみよう」と新たなかかわりや見方を生み出していくことが大切なのです。

❸「語り合い」を支えるファシリテーター役

みなさんの知っている人のなかに，こんな人はいませんか？
・その人がその場にいると，雰囲気が変わり，場が盛り上がる。
・その人と話をしていると，明るい気分になり，元気になる。
・質問上手で，問われるままに考えていると触発され，やる気がでてくる。

ファシリテーターという言葉は知らなくても，このような人たちはきっと身近にいると思います。こうした人たちが無意識のうちに果たしていることがファシリテーションであり，そうした人のことをファシリテーターと言います。保育カンファレンスにおける「語り合い」をより深めるためにはこうしたファシリテーター役が必要なのです。

具体的には，参加者の「語り合い」が円滑に進むような手助けをします。しかし，まとめる司会者ではありません。自分もさりげなく参加しながら，一人ひとりが無理なく安心して主体的に参加でき，自分の思いを出せるよう配慮する役割を担うのです。

こうした役割は園の誰が果たしてもかまいませんが，主任やベテランの職員に求められる資質の一つとして考えることもできます。なぜなら，ファシリテーターの役割は，森が指摘しているように，会議をうまく進めたりすることだけでなく，チームワークを引き出し，成果が最大になるように支援することにあるからです。これらは，園の職員をリードしていく主任やベテランが担う役割としても言い換えられるでしょう。

❹仲間の意見を可視化させる記録役を決める

また，記録役もいるといいでしょう。記録者は自分のノートに記録するよりも，ホワイトボードや模造紙などを用いて議論のプロセスや

➡7 森時彦『ファシリテーターの道具箱』ダイヤモンド社，2008年
なお，森は，ファシリテーションを「知的化学反応を促す触媒」あるいは「人と人の間の知的相互作用を促進する働き」と定義づけ，「人と人の関係や集団による思考を活性化し，新しいプラスアルファを促す術。建設的な議論を促し，組織を活性化し，実行力を高める。怒鳴り声や罵声や愚痴，不満ではなく，はつらつとした新しいアイデアと笑い声で満たされる組織。そうした場をつくり，プロセスをリードすること」と説明しています。

傾向が見えるようにしていきます。ふせんなどを用いて模造紙に貼り付けていく場合（❻を参照）などは，参加者個々が貼り付けていけばいいわけですが，ファシリテーター役と協力しながら，途中で少し論点を整理していく役割も担います。

❺参加者一人ひとりの姿勢が本音を語れる雰囲気をつくる

　前節で述べたように，参加者が自由に自分の感じたことを本音で話せることが保育カンファレンスにおいては重要です。そのためには，聞き手の姿勢が重要になります。些細なことと感じるかもしれませんが，誰かが話している時には，うなずいたり，共感したりしながら，聞く雰囲気をつくることが重要なのです。そして，まずは，自分（語り手）の考え方が否定されないことが大切です。しかし，その一方で異なった見方や意見が出されることも重要で，それを丁寧に扱う必要があります。なぜ，そうした違う見方が生まれるのか，その意見の根拠などもみんなで探っていけるといいでしょう。

❻特定の人だけではなく，参加者みんなが語るための工夫

　そうはいっても，なかなかみんなが主体的に発言していくのは難しいものです。主体的に参加はしているけど，話すよりは聞き手になりがちな人やどうしてもいつも誰か特定の人たちばかりが発言することが多くなってしまうこともあるでしょう。子どもたちと同じように私たち大人も話すのが好きな人もいれば，苦手（慎重）な人もいます。それでもなお，いろんな人の考えを保育カンファレンスの場で共有するためには，ディスカッションを進めるうえで何かしらの工夫が必要です。

　たとえば，ふせんと模造紙を使って以下のようなやり方をすれば，誰しもが発言しやすくなると同時に，話題になっている論点を見えやすくすることが可能になります。

　図5-2を見てください。仮に7人のグループで話し合ったとします。ビデオや写真，あるいは事例の発表を聞いた後で，ふせんに印象に残った子どもの姿や場面などに関するキーワードをそれぞれふせん

第5章 「子ども理解」を深める保育カンファレンス

に書きます。この時，文章で書くのではなく，簡潔にキーワードで書くことが大切です。次にそれを，Aさんから右回りの順番で発表し，模造紙に貼り付けていくとします。単にAさん，Bさん，Cさんというように順番で発表していってもいいのですが，次のように，印象に残った場面（ふせんに書き留めた内容ごと）に発表していくこともできます。つまり，図5-2にように，Aさんから自分の書いたふせんの内容を発表していくとして，必ずしも次のBさんが発表するとは限らず，Aさんが発表したものと同じところが印象に残った人が，次に発表していくやり方です（図5-2で言うと，Dさん，Fさん）。そして，Aさんの提示した場面に対して一回りした後で，新たな場面について発表していきます（図5-3で言うと，Bさん）。先ほどと同様に，今度はBさんの提示した子どもの姿や場面に関連するところが印象に残った人が順番に発表していきます（図5-3で言うと，Cさん，Aさん）。一回りした後でまだ提示していない人がいればその人に提示してもらうのもいいでしょう（図5-3で言うと，Gさん，Eさん）。

　いずれにしても，まずは各々が何を感じたかを出し合うのです。そして，単に順番に発言していくのではなく，場面や観点ごとに発表することで，模造紙の上に参加者の印象に残った場面，またそれに対する見方を，見やすくしていくことができます。さらに，すべての意見や感想が出尽くした後で，提示されたふせんの塊にタイトルや簡単な説明文を付けたり，時系列や意見・見方の違いによってふせんを並べ直すことで，一つの事例に対する自分たちの多様な見方を共有することができるのです。

　このようなやり方でディスカッションを進めていくことによって，誰もが発言する機会が得られると同時に，いきなり話してと言われると戸惑いがある人がいたとしても，先に提示された見方に添いながらでいいので，話し出す負担が軽減されると考えられます。また，その場の人たちの見方や考え方が，模造紙の上で可視化されることから，その後の議論を進めやすくなるとも考えられます。こうした一連の流れをサポートするのがファシリテーターの役割でもあります。また，職員の数が多い場合には，こうしたグループをいくつかつくり，その後で，グループごとにどんなことが話題になったかを，グループごとに発表してもらい，全体でまた議論を進めることも可能でしょう。

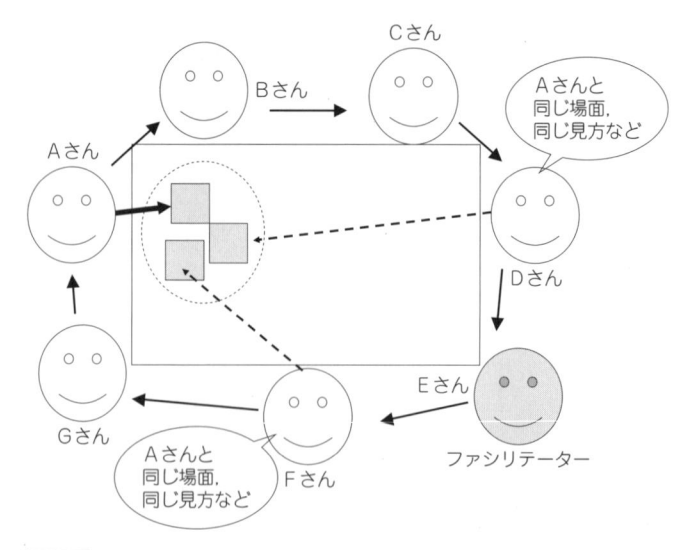

図5-2　ディスカッションの進め方1（模造紙とふせんの使い方）

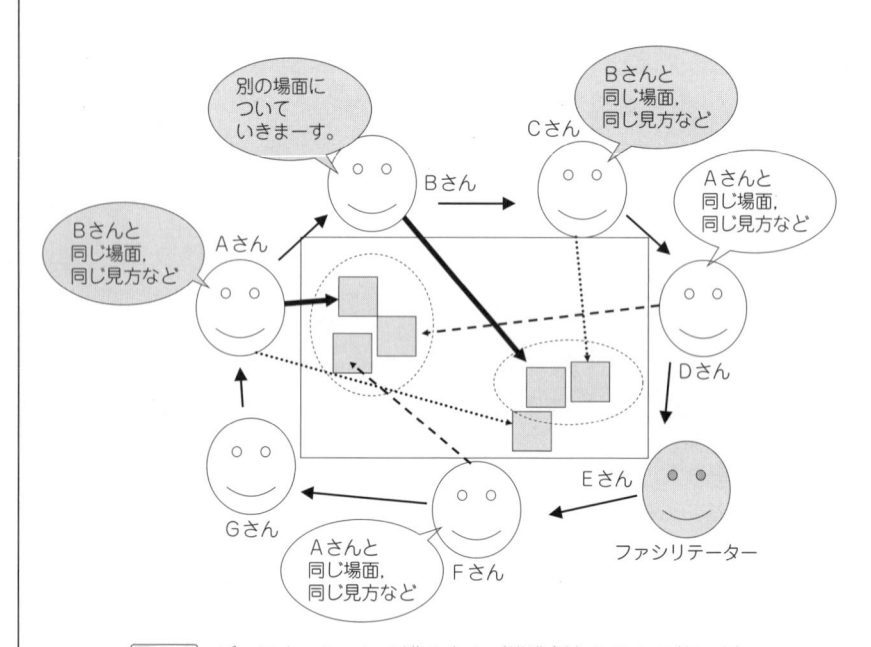

図5-3　ディスカッションの進め方2（模造紙とふせんの使い方）

❼カンファレンスのまとめ方

　これまでにも述べてきたように，子ども理解には「正解」があるわけではありません。ディスカッションのプロセスにおいて，参加した一人ひとりが自分なりの気づきや発見があればよいのです。よって，必ずしも結論を出す必要はありません。ただし，最後にそれぞれの参

加者がどのような発見や気づきがあったかを出し合い共有するとともに，次への手立てや自分の保育への生かした方などを話し合えると，なおいいでしょう。また，園として○○ちゃんへのかかわり方の明確な方向性を決める必要がある場合は，論点を明確にして，話し合いをよりはっきりした方向性へと詰めていくことが大切です。

第4節 保育カンファレンスの素材

　仲間と「語り合う」ためには，何かしらの具体物があったほうが，より「語り合い」が活発になります。具体物があったほうが，語られる子どもの姿やその場面がイメージしやすく，短時間でより深く「語り合う」ことができます。そこで，たとえばどんなものがあるか，以下に列記し，それぞれの特徴を示しておきます。

❶文字による記録物で語り合う
――自分の保育を「振り返る」目を育む

　一番ポピュラーなのは，自分の印象に残っている子どもの姿や，聞いてもらいたい（相談したい，発見した）「できごと」などをエピソードや事例としてまとめ，それを園内研修の素材とするやり方です。
　エピソードや事例には，タイトルをつけると，自分の言いたいことや視点が明確になります。また，余裕があれば，「考察（振り返り）」を書く欄を設けることで，上に書いたエピソードや事例に登場する子どもの思いや○○することの意味，あるいは自分のかかわりを振り返ることができます。こうした記録を保育カンファレンスの場で配布するのではなく，事前に職員に配布し（園によってコメントを書く用紙も一緒に配布する），目を通してもらったうえで，再度カンファレンスの場で一度音読してディスカッションを始めることで，時間を短縮することも可能です。
　記録に書き起こすことは，自分の関心を明確にし，とらえ直す機会にもなります。つまり，書くことで，自分自身のかかわりや子どもの姿を対象化し，自らの保育や子どもの姿を「振り返る」目を育むこと

にも繋がるのです。また，せっかく書いた記録ですから，カンファレンスで使ったら「お蔵入り」ではなく，職員の誰もがいつでも読めるような場所に保管している園などもあります。

しかし，そうした記録を書くためには，時間も労力もかなり必要です。また，「書く」ことで満足してしまったり，「書く」こと自体が目的になってしまう可能性もなくはありません。そうしたことを避け，時間的な負担を減らすためにも，すでに書いたものを素材とすることも可能です。たとえば，日々の保育日誌やクラスだより，園だよりのなかから取り上げたい「できごと」が書かれている部分のみをコピーし，あとは口頭で補足するというやり方です。日誌やクラスだよりには，日々の自分の子どもを見る「まなざし」が必ず埋め込まれているはずです。それらを，定期的に見直すことは，自分の保育を「振り返る」ことになり，個々の保育者の成長にも役立つはずです。

❷写真で語り合う
――手軽に「撮る」「選ぶ」「プレゼン」するなかでの学び

保育カンファレンス＝事例（文字による記録物）と思われがちですが，必ずしもそうとは限りません。また，経験の浅い保育者にとっては，エピソードや事例を「書く」こと自体が，ハードルが高い場合も少なくないのが実情です。そもそも，経験が浅いと，困っていることが何なのかを，具体的な言葉で表現すること自体が難しい場合もあると考えられます。また，時間的にもカンファレンス用に記録を整理し直すための余裕がない場合もあるでしょう。

そこで，エピソードや事例を「書く」代わりに，写真に（自分の語りたい子どもの姿やできごとを）「撮る」のです。そして，その撮った写真を手がかりとして，自分が話題にしたい「できごと」や子どもの姿をプレゼンし，「語り合う」のです。

このように「語り合う」ための土壌を，文字による記録物を使わずに，写真を園内研修に取り入れている園も近年増えてきています。デジタルカメラの扱いなら，むしろ保育者としての経験の浅い若い保育者のほうが，一枚上手かもしれません。それはさておき，やり方は園によってさまざまですが（提示する枚数を決め，それらの写真を選んだ理由をプレゼンするやり方や，プレゼンする保育者は，写真を撮った背景のみをプレゼンし，むしろ他の保育者がその写真から読み取れることを語り合う

第5章 「子ども理解」を深める保育カンファレンス

やり方などがある），筆者の知っているかぎりでは，自分の撮った写真をプレゼンすることや仲間のプレゼンする写真を見ることを楽しみながら学んでいるようです。[→8]

また，撮りためた写真のなかから，どれをカンファレンスで使うかを選ぶプロセスにも，保育者の成長にとって意味があります。複数担任の場合には，そのプロセス自体が「語り合う」場になりますし，無意識的に子どもの何を見るのか，保育において何が重要なのかを学んでいくことに繋がっていると考えられます。

しかし，もしかしたら「保育中に写真がよく撮れますね？」，「ちゃんと子どものことを見ていなくて大丈夫なの？」といった疑問をもつ人もいるかもしれません。もちろん，物理的に撮れない時間帯はあるでしょう。でも，考えてみてください。写真が撮れないほど，いつも子どもとべったりとくっついていたら，それはそれで問題ではないでしょうか。たとえば，保育者の手を借りずに，子どもたちが無我夢中で遊び込んでいる姿，そうした営みが保育のなかには必要不可欠です。そんな子どもたちの姿を嬉しい思いで見守りつつ，その「まなざし」で写真を「撮る」ことは可能でしょう。しかし，撮ることがノルマになってしまうようなことは避けたほうがいいでしょう。今日も，保育をしながら，仲間と語り合いたい子どもの姿をさっとポケットからデジカメを取り出し，撮影している保育者がきっといるはずです。

❸ビデオ映像をもとに語り合う

日々の保育を撮影したビデオ映像をカンファレンスに取り入れている園もあります。撮影者は，園内で担当を決めたり，外部の講師などに依頼するなど，園によってさまざまです。いずれにしても，撮影者（あるいは撮影を依頼する側）がぜひ「この子のこと」（あるいはある集団，ある場面など）について議論したいという場面を撮影している場合が多いようです。また，日々の保育のなかで話題になる「気になっている」子どもや「気になっている」場面の子どもの姿などを撮影している園もあります。

ビデオ映像は文字による記録物や写真と比べると，具体的で膨大な情報量を視覚的に提供してくれます。そのため，ビデオ映像を通して，参加者が多様な見方や読み取り方をすることや，多様なストーリーの発見をもたらす可能性を秘めています。また，撮影された子どものこ

[→8] 1か月に1回写真による園内研修を行っている園では，写真をもとにプレゼンする保育者は，園内研修用に5枚用意しています。また，撮りためた写真を学期末などに整理し，保護者に公開したり，販売をしている園などもあります。撮りためた写真を，保育課程や教育課程の編成にも役立てている園もあります。

とをよく知らなくても参加しやすい（語りやすい）という側面ももっています。そのため，議論が活発になりやすく，参加者が多様な見方を発見する上で非常に有効であると考えられます。

ただし，できるかぎりビデオに映し出された場面から読み取れることをもとに議論することが重要です。なぜなら，そこに映し出されていないその前後の子どもの姿や保育者，親のかかわりについての議論になってしまうと，論点が大きくズレてしまう可能性があるからです。また，保育者のかかわりを否定したり，「障害」や「家庭環境」などの「責任探し」にならないようにすることや，否定的にならないことも大切です。

提供されるビデオはあくまでも切り取られたある場面の一つ事実にすぎません。それがあたかも動かぬ証拠としての真実であるかのように用いられ，ビデオを撮影されたクラスの保育者の思いが傷つけられることがあってはなりません。撮影されたビデオはあくまでも切り取られた一場面にすぎないことへの理解と撮影されたクラスの保育者の思いへの配慮が必要不可欠なのです。

❹外部から講師を呼ぶ

外部の講師などを招き，その存在が「語り合う」媒介になる場合もあります。しかし，この講師もまた，「正解」を出す役割ではありません。その専門性を生かし，これまでの議論のプロセスを生かしながら，第三者的な視点や見方，新たな論点などを提供する役割として迎え入れるほうがいいのではないでしょうか。また，ファシリテーター役を兼ねる場合もあるでしょう。いずれにしても，最後に講師のコメントを聞いて，それまでの議論がすべて消えてしまうようなことがあっては，せっかくの保育カンファレンスが台無しになってしまうので気をつけたいものです。

第5節　実践編：子ども・保育を語り合ってみよう

では，これまでの内容を踏まえて実際に「模擬『保育カンファレンス』」をやってみましょう。

第5章 「子ども理解」を深める保育カンファレンス

【題材】
・文字による記録：実習記録から印象に残った子どもの姿をエピソードとしてもち寄る。
・映像による記録：社会福祉法人恩賜財団母子愛育会・日本子ども家庭総合研究所（監修）『「イヤ」「ダメ」への保育者の対応（やさしさが育つとき　第1巻）』〈だめ！いいよ〉，新宿スタジオ，2008年

➡9 VTRの題材は，あくまでも参考例です。他の保育教材としては，以下のものなどがあります。
・岩波映像株式会社（企画・制作）・(財)日本視聴覚教育協会（協力）『あしたね──ゆれ動く心，4歳児』，1999年
・岩波映像株式会社（企画・制作）・株式会社エイム（制作協力）『3年間の保育記録』，2005年
・社会福祉法人恩賜財団母子愛育会・日本子ども家庭総合研究所（監修）『気になる子どものいる保育』新宿スタジオ，2007年

【用意するもの】
・ふせん（人数分×5）
・模造紙（グループの数）
・太字マジック（グループの数）
・筆記用具
・ホワイトボード（黒板）

【流れ】
(1) 5〜7人のグループをつくって進行役・記録係を決めよう　〈5分〉
　※模造紙，ふせんの配布
(2) 記録を音読・ビデオを視聴＆メモ　〈10分〉
(3) ふせんにキーワードを書こう　〈10分〉
　※印象に残った子どもの姿や場面を象徴するキーワードを1つのふせんにつき，1つ書こう。
(4) ディスカッション　〈30分〉
　※❻「特定の人だけではなく，参加者みんなが語るための工夫」(p. 88.)を参照。
(5) グループのプレゼンテーション　〈20分〉
　※各グループ2〜3分程度（いずれにしても，時間を決めることが大切）
(6) もう一度ビデオを視聴　〈10分〉
　※新たに見えてきたことをまとめておくとよいでしょう。
(7) まとめ　〈5分〉

第6節　保育カンファレンスの魅力

実際に映像や事例を通して子どもの姿を語り合ってみてどうだった

でしょうか。おそらく同じエピソード，同じ子どもの姿を見ても，さまざまな意見や見方が出てきたことでしょう。あるいは，「やっぱりそうだよね」と自信のもてなかった自分の見方に自信がもてたり，「あぁ，たしかにそうかもしれない」とまったく違った見方と出会うことになったのではないでしょうか。このように仲間と子どもの姿やできごと（いつもだったら見逃してしまいがちな姿やできごとも含む）を共有し，それに対するさまざまな見方や意見を出し合い，多面的に子どもの姿をとらえ直し，多様な可能性を見出していけることが保育カンファレンスの魅力であり，個々の保育者の子ども理解を深める重要な機会の1つなのです。

さらに学びたい人のために

- 『発達』68,「特集：保育を開くためのカンファレンス」ミネルヴァ書房, 1996年
 「保育カンファレンス」の誕生経緯や意義，その実際について具体的な事例をもとに説明しています。
- 『これからの幼児教育を考える』2009年秋号「特集：保育の資質を高める園内研修とは」ベネッセ次世代育成研究所, 2009年
 何のために園内研修が必要なのか，どんな園内研修が必要なのか，そのポイントがわかりやすく，コンパクトにまとめられています。
- 全国私立保育園連盟保育・子育て総合研究機構研究企画委員会『保育園における「子どもの育ちと学びの分かちあい」への招き（実践編のCD-ROM付き）』全国私立保育園連盟, 2008年
 ニュージーランドの「学びの物語（ラーニング・ストーリー）」のとらえ方・振り返りを手がかりに，園内研修の準備，実践，資料が1つにまとまっています。はじめて保育カンファレンスに挑戦する時に参考になります。

演 習 問 題

1. 実習記録をもとに，印象に残った子どもの姿や出来事などをエピソードとしてまとめ，グループで発表し合ってみよう。
2. 保育カンファレンスのテーマになる題材を考え，発表してみよう。

第6章

障碍のある子どもの保育から考える子ども理解

　この章のタイトルを見て，障碍（しょうがい）という見慣れない字に違和感を覚えたかもしれません。これまで「障害」とか「障害児」と表記されることの多かった言葉ですが，最近では，「障碍」や「障がい児」のように書かれているのを目にすることが増えてきました。

　あるいは，保育の場では「しょうがい」という言葉を使わずに，「特別な配慮を要する子ども」とか，「特別の援助を必要とする子ども」，「気になる子ども」などと表現する場合もあります。対象となる子どもは同じでも，その子どもに向かい合う保育者のまなざしや，「子ども」や「保育」への考え方によって使われる言葉にまで違いが出てくるということがあるのです。

　この章では，障碍のある子どもを自分のクラスに迎え入れた保育者が，その子どもとどのように出会い，何に悩みながら保育者として成長していくのか，障碍のある子どもとの関係性を築く道のりについて見ていきたいと思います。その道のりを通じて，保育者の「子どもを理解する」という役割についてより深く学んでいきましょう。

コマ1:
- やっぱり障碍があるから？
- ノブ君は言葉が遅い
- 体が小さい
- 衝動的
- 不器用
- ←先入観のカラ
- 障碍とは

コマ2:
- 先生、先入観のめがねを取らないと…
- 本当のノブ君は見えないよ
- あぁっ いつの間にこんな色つきの！

第6章 障碍のある子どもの保育から考える子ども理解

第1節 障碍のある子どもとの出会い

Work

① 日常生活のなかで，障碍のある子どもに出会ったことがありますか？ そんな時，あなたはどのような気持ちを抱き，どのように接してきましたか？
② 今の日本の社会や教育制度のなかで，障碍のある子どもたちがおかれている立場や状況について知っていることはありますか？ また，知りたいと思うことは何ですか？

> ➡1 障碍
> しょうがい。「碍」という字は，「さまたげになる」という意味。「しょうがい」は，今の社会で生きていく上で，本人に対して何らかの不都合を生じさせるかもしれなくても，本人自身が人や社会に対して害悪であるということは決してないという立場から，ここでは「碍」の字を使うこととします。
>
> ➡2 戦後の「人権」に関する思想がその背景になっています。「障害者も健常者も同じように，社会の一員として参加して，自立して生活できる社会を目指す」，「健常者も障害者も，高齢者も若齢者も，外国人も日本人も，いろいろな人々が同等に生活して支えあうのがノーマルな社会である」という考え方（＝ノーマライゼーションの考え方）にあたります。
> （若井淳二・水野薫・酒井幸子『幼稚園・保育所の先生のための障害児保育テキスト』教育出版，2006年，p. 18.）

❶障碍のある子どもと出会う前に

　幼稚園や保育所といった集団保育の場でも，いわゆる心身に障碍のある乳幼児がほかの子どもたちとともに生活し，遊び，成長していけるようにとの考え方が広まってきました。障碍をもっていたとしても，1人の子どもとして，その生命の大切さや，社会のなかで守られてこそ健やかに育っていくことについては何ら変わるところはなく，障碍があってもなくても，私たち大人から，同じように大切に保護され，教育されていくべきであるというわけです。こうした考えに基づいて障碍のある子どもを受け入れて行われている保育を「統合保育」といい，統合保育を行っている幼稚園や保育所は現在では，少しずつ多くなってきました。

　障碍のある子どもの受け入れに際しては，個々の状況に違いはありますが，保育者を多く配置してその子どもに個別にかかわれる体制をつくったり，手すりやスロープを設けるなど物理的な環境を整えたりすることが必要となってきます。

　園や保育者は，こうした子どもの保護者から直接入園や入所の相談を受けたり，障碍のある子どもが通っている専門機関や，教育委員会，保育を担当する課などの行政機関を経て打診されたりすると，受け入れるだけの準備が整えられるかどうか検討を開始します。何でも受け入れさえすればよいというわけではなく，その子にとっても，また周

▶3　統合保育
　保育の場に，障碍のある子どもを受け入れるインテグレーション（統合）の考え方は，障碍のある子どもをそうでない子どもと区別した上で同じ場所で保育・教育を行うものです。現在では一人ひとりの教育的ニーズに応じるというインクルージョン（包括）の考え方へと変わってきています。

▶4　制度としての「障害児保育」は，保育所では1974年の「障害児保育事業実施要綱」（厚生省児童家庭局長通知），私立幼稚園では「私立学校特殊教育費補助制度」などから始まりました。

▶5　病院などの医療機関や，保健所・保健センター，また，障碍のある子どものための療育機関（通園施設や療育センターなど），そして児童相談所などがあります。「療育」とは，医療的配慮のもとで養育・保育を行うことで，子どもの発達や障碍の状態に合わせて専門的な働きかけを行う専門職の人々が協力体制でこれに臨みます。

▶6　気になる子ども
　保育者が難しさを感じるこれらの子どもは，「発達障害」として近年保育の場でも広く知られるようになってきています。子どもの発達に遅れや障碍が見られることですが，現在の法律（発達障害者支援法）では，知的障害が除かれ，自閉症，アスペルガー症候群その他の広汎性発達障害，学

　りの子どもたちにとっても十分な保育環境を保障できるかどうかについては，園の全員で話し合われるべき重要事項です。

　障碍とひとくちに言っても，実際の子どもの状態や様子はさまざまですから，具体的な様子を知るために，園に見学に来てもらうことも必要となってきます。保護者とも事前によく話し合って，園としてできることは何か，どのようにしてその子どもの園生活をつくっていこうと考えているかということを伝えると同時に，園に対する期待や要望を確かめることもぜひ行っておくべきでしょう。不十分な点が残ったままになっていると，後になって互いの思いがすれ違う事態を招くおそれがあるからです。

　そして何より，その子にとってそこでの園生活がはたしてどんな意味をもつことになるかについて本人自身の反応を見ながら，保護者と一緒になってよく考えることが大切です。就学前の小さな子どもを一生懸命育てている保護者の大変さや不安な気持ちを十分に汲み取って，力となっていくことが求められるでしょう。

　しかし一方では，以上のようなプロセスとは違って，保護者から特別な相談もなく，他の子どもたちと何ら変わらないように見えて入園してきた子どものなかに，いざ園生活がはじまってみると，対応が非常に困難な子どもがいる場合があります。たとえば，興奮度が高く，目を離すとどこへ行ったかわからなくなってしまうとか，名前を呼んでも反応せず特定のおもちゃに夢中になっているなどといった，いわゆる「気になる子ども」たちです。担任がクラス全体を見ながら，個々の子どもの様子に目を配っていく上で，かかわり方や援助の仕方の面で，より特別な理解や配慮が必要ではないかと思われるケースということになります。

　乳幼児期は，身体や運動面，情緒や感情面，言語や社会性の面などさまざまな面で，年齢や月齢による成長や発達の違いが大きく現れ，個人差が大きい時期でもありますので，特別手がかかったり，かかわりが難しかったりする子どもだからといって，必ずしも障碍のある子どもというわけではない場合も多くあります。また，家庭で養育者（主に母親）と1対1で安心して一緒に過ごしている時には，全く見られなかった姿や行動が，新しい環境で大勢の子どもたちのなかに入ってみた時に初めて表に現れるという場合もあるのです。

　いずれにしても，子どもそのものは，障碍の有無によって，その存在の価値が変わるわけではなく，どんな子どもも自己を表現しつつ，

第6章　障碍のある子どもの保育から考える子ども理解

自分らしく成長することを求めながら生きている点では同じです。直接保育にあたることになった保育者は，配慮や対応の違いが必要だということは感じても，その子を「普通でない」と特別視したり，ましてや「劣っている」などと差別する目で見ようとは思っていません。一人ひとりみな大切な園の子どもであり，園での生活がその子にとってよりよいものであってほしいと願う気持ちに違いはないでしょう。また，反対に，保育を行う者は，そのようにあるべきだとも言えます。

❷子どもとの出会い？　それとも障碍との出会い？

では，次に，具体的な事例を中心に話を進めていきましょう。

Episode 1

初めて障碍のある子どもの担任になって

　ひとみ先生は，幼稚園での経験年数が4年目になろうとする春休みに，園長先生から来年度受けもつ年中組のクラスにけんちゃんという男児を任されることになりました。今年度の2学期から3学期にかけて，けんちゃんは母親と一緒に何度か幼稚園を見に来ており，職員会議でも話題になっていたので，ひとみ先生もすぐに思いあたりました。

　けんちゃんは，ダウン症の子どもでした。ダウン症について，本や研修会で学んだことはありましたが，実際の子どもに出会うのは初めてです。話し合いの結果，はじめは様子を見ながら週に2回程度，療育センターに通っていない曜日に母親も一緒に登園するということになりました。そうすると保育時間中に母親とも会話が必要となってくるばかりか，常に自分の保育を見られることになります。ひとみ先生は，何だか心配でした。新学期は他の子どもたちも新しい環境や担任に慣れるまでに時間がかかるので，十分にけんちゃん親子にかかわれないのではないか，こんな自分が担任になってけんちゃんや母親は喜んでくれるのだろうか，そう考えるとますます不安な気持ちがわいてくるのでした。

　そして，けんちゃんとの出会いを前にして，ひとみ先生の気持ちのなかに「ダウン症の子」という意識が強く働き，ダウン症の子どもは独特な顔つきをしていることや，ダウン症の子どもには知的な遅れが伴っているらしいことや，身体が弱いこと，心臓などに内部疾患をかかえていたりすること，などといった一般的にいわれているダウン症の特徴を思い起こして，けんちゃんについてのイメージを膨らませていってしまったのです。

習障害，注意欠陥多動性障害，その他これに類する脳機能の障害で，その症状が通常低年齢において現れるものとされています。

➡7　ダウン症
　ダウン症候群は，1866年ダウン医師によって発表された染色体の異常（21番目の染色体が1本多い）によって胎児の身体の形成がうまくいかない障碍で，知的な遅れのほか，心臓の奇形や疾患，目や耳の問題などさまざまな身体症状なども見られます。

➡8　幼稚園や保育所に在籍しながら，専門の療育機関の通園部門や通園センターに通うことも可能ですが，子どもがそれぞれの場で経験できることの内容や特色を考え，子どもの体力や状態によって無理のない生活が望まれます。

→9 津守真は，『出会いの保育学——この子と出会ったときから』（ななみ書房，2008年）において，保育者と子どもとの出会いについて，障碍のある子もない子も独自の存在であり，一人ひとり違った存在の子どもに出会うには，自分のなかにある心の枠から出なければ出会うことができないと実感していると述べています。

　新しいクラスの子どもたちとの生活を前に，ひとみ先生のように構えてしまうことはよくあることですが，けんちゃんについていえば，保育者がこれから出会う子どもは，あくまでもけんちゃんという1人の子どもであり，ダウン症という障碍名がまず先にあるのではないということを考えなくてはならないでしょう。当然ながら，初めてわが子を幼稚園に入れようとしている保護者や，けんちゃん自身も，入園に至るまでには，ひとみ先生以上に，さまざまな出来事を経験し，また，気持ちの変化が生じていることでしょう。受け入れる側は，やはり，そこを十分に考慮する必要があります。

　保育者であれば，他の多くの子どもたちを迎え入れる時と同様に，どんなおもちゃや遊びが好きなのか，家では親子でどんなふうに過ごしているのか，好きな食べ物やお気に入りのもち物は何か，父親とはどんなかかわりをしているか，今興味をもっていることはどんなことか，うれしい時どんなしぐさや表情をするのか，楽しい時どんな声をあげて笑うのか……，その子どもをありのままに見て，子どもの生活全体を広くとらえようとする視線が大切なのではないでしょうか。

　「ありのままに見る」とは，よく耳にする言葉ですが，何かができるとかできないとか，何歳何か月ならここまでできるはずだとか，そういった外側から当てはめた枠に照らして見る見方ではなく，まずは，その子どもの存在そのものの価値を積極的に認め，その子の今ある姿そのままをよりよく見ようとする見方を指します。ダウン症という障碍だけを見ようとすれば，体格が小さいことや，体力がないこと，言葉を流暢に話さないこと，食が細いこと，知的に遅れていること，身体が弱く欠席しがちであることなど，他の子どもと比べて何ができないか，どこが違っているか，表面的に目に付く部分でその子を見てしまう危険性があります。そのような目で受け止められることを子どもは望んでいませんし，そんなふうに子どもと出会う保育者は，障碍には出合っているかもしれませんが，「○○ちゃん」というその子どもには出会うことが難しくなっていると言わざるを得ないでしょう。

　不安や心配はあっても，心の枠をはずして新たな出会いを楽しみに待つようにしたいものです。

第2節 問いと揺らぐ心に囲まれる保育者

❶子どもから突きつけられる問題が自分の保育を揺るがす

さて、今度は、ようこ先生の例を考えてみましょう。ようこ先生は、幼稚園での経験年数10年目で、これまでにも何度か障碍のある子どもの担任となった経験がありました。しかし、経験があると言っても、相手の子どもは一人ひとりみな違いますし、保育は、生身の人間同士がかかわり合ってつくり上げていく営みですから、一定の決まった方法と内容で進めていけばそれで済むわけではないことは十分わかっているつもりでした。担任と同時に主任を引き受けるようになり、園での自分の役割への責任感から、後輩の保育者たちをしっかり育てようと頑張ってきたここ数年ですが、経験の浅い後輩たちから逆に自分が教えられることも多々ありました。

> **▶10 主任**
> 幼稚園、保育所によって呼び方には違いがありますが、園長を補佐し、園長と他の保育者や職員との間に立って、園の運営のための事務的な仕事や子どもたちの保育の実質的な指導を行う役職を「主任」と言います。クラス担任を兼ねていない場合も多く、また、特に主任のポストを置いていない場合や「副園長」や「教頭」として同じような役割を担う場合もあります。

Episode 2

タンポポの綿毛事件

3歳児の新入園児のクラスに身体の大きなゆみちゃんがいました。大きなまん丸の目をきょろきょろさせて、無口に動き回っていたゆみちゃんの存在を印象づけた最初の出来事は、降園の際、全く椅子に座ることをせず、ふらふらと動き回っていたその時に、たまたまクラスの他の子どものかばんに大好きなネコのキーホルダーがついているのを発見した途端、その子が椅子ごと引き倒されるほどの勢いで、いきなりそのキーホルダーを引っ張ったことでした。引っ張られてしりもちをついた子どもが一瞬びっくりしたあと大声で泣きはじめても無関心に引っ張り続け、フリーの保育者に抱きかかえられて止められても、決してキーホルダーを手放そうとはしませんでした。その時は、余程そのネコが気に入ったのだろうという程度の理解で済ませていましたが、これ以後、ようこ先生はゆみちゃんのさまざまな行動に悩まされることになりました。

ある日、クラスの別の女児が園庭で見事に咲ききってまんまるい綿毛になったタンポポを見つけてきました。ようこ先生は、種が飛ばないように手を添えて一緒にそっとそのタンポポを見ました。周りに数人の子どもたちが集まって

> **▶11** 自分の担任クラスをもたず、必要な場所や必要な子どもにかかわる役割をとるのがフリーの保育者です。園全体の子どもを見るフリーの立場と、特定の年齢（学年）の子どもを見るフリーの立場、また、個別なかかわりを必要としている子どもを見る立場などがあります。

きていましたが，みんな神妙にしゃがんでそのまんまるいタンポポを見ています。はじめに見つけた女児は，「まんまるの，あたしが見つけたの」「ふかないで」と言いました。みんなにもその女児の気持ちが通じたのか，大事なまんまるいタンポポを守るようにしてじいっと見つめていました。

　そこへ，どこから来たのかゆみちゃんがすっと現れて，何度も「ふかないで」と言われているそばから，無表情にふーっと思い切りタンポポを吹いて種を飛ばしてしまいました。子どもたちはあっけにとられていました。そして，ようこ先生の顔から笑顔が消え，思わず「ゆみちゃん！」と怒鳴っていました。自分でも意外なくらい，ゆみちゃんの行為に腹が立っていることに気づき，愕然としましたが，当のゆみちゃんは，何食わぬ様子でスタスタと行ってしまいました。ようこ先生は，追いかけて行って叱らずにはいられませんでした。

　ようこ先生の心のなかに，今まで抑え続けてきた感情が，ふつふつと沸き起こってきたようでした。他の子どもたちについて考えるのと同じように，とにかく幼稚園がゆみちゃんにとって安心できる楽しい場所になってほしいと願って，ゆみちゃん自身の"やりたい気持ち"を大切にし，時間をかけて長い目で見ていこうとしてきたつもりでしたが，実はその自分の心のなかに，むしろ，やりたいことしかやらないゆみちゃんに対するかたくなな見方があることを知ったのです。

❷振り回され落ち込む時が成長へのチャンスになる

　タンポポの綿毛事件があった後，ようこ先生は，落ち込む気持ちを感じずにはいられませんでした。実はあの時，追いかけて行ってゆみちゃんの手首をつかんだ途端，ガブリと噛みつかれた上，ゆみちゃんは，外のままごと用に汲んであったたらいの水を荒々しくひっくり返して行きました。ようこ先生は，ゆみちゃんの気持ちになって考えてみることをせず，ゆみちゃんが友達の大事なものをだめにしたという表面的な行為しか見ずにかかわってしまったと思いました。あれでは，周りの子どもたちに「ゆみちゃんは，いけないことをする悪い子だ」と伝えてしまったようなものだと感じました。そして，自分自身に対しても，せっかくこれまで丁寧に積み上げてきたのに，と情けない気持ちになり，深く後悔しました。

　考えてみれば，新年度になって，園全体の行事や会議，園内研修が滞りなく進むように，準備・計画・手配などを中心になって進め，後

輩の保育者からの話を聞いては園長先生に報告し，悩みや不満の相談にのり，保護者へのおたよりや掲示を考えるなどして忙しく過ごしてきましたから，ようこ先生自身が誰かに相談にのってもらうことはできませんでした。また，正直言って，主任である自分がゆみちゃんをもてあましているなどということがあってはならないという見栄というか，プライドのような思いがあったことも否めません。職員室で，ゆみちゃんのことが「気になる子ども」として話題になる度に，ようこ先生はそれを打ち消して，まだ入園して間もない時期なのだからとか，もう少しじっくりと様子を見てみなくてはと答えましたが，それも，経験豊富な自分が何とかしてみせるという意地を張るような気持ちからと言えなくもありません。それでいて，内心は，ゆみちゃんと気持ちが通じた手ごたえが全く感じられず，ゆみちゃんの心の動きが見えずに焦りを感じる自分がいたのです。最近では，クラスの他の子どもたちもゆみちゃんに影響を受けているのか，なかなか落ち着かない様子に見えて，クラス全体のことも気にかかり，それをクラスの保護者がどんな思いで見ているかということも心配になってきました。さらに，肝心のゆみちゃんの母親は，育児に疲れた暗い様子で，まだ話しかける糸口がつかめずにいました。

　深い反省とともに，これまでたくさんの子どもたちとの出会いを通じて，自分が経験し，学んできたことは何だったのだろうという思いが心に広がっていきました。子ども一人ひとりの思いや気持ちを第一に考え，どんな時も，たとえどんなに疲れていても，自分は保育には絶対に手を抜かないという思いで精一杯やってきたのに。一体どうして今までのようにうまくいかないのか。それとも，今までの自分の保育はどこか間違っていたのだろうか……。

　落ち込むところまで落ち込んだ時，ようこ先生がしたことは，読み返す時間もなかった毎日の保育記録を見てみることでした。すると，ゆみちゃんについて，思いがけないことが見えてきたのです。

　記録には，生活習慣や食事，健康のこと，その日の遊びの様子，周囲の環境や友達に対する様子，母親の様子などが子ども別に書かれています。だいたいは理解が難しく困難を感じていることの連続であったゆみちゃんの記録のなかに，絶えず動き回っているように感じられていたゆみちゃんが，年長組のさなぎが蝶に羽化した日には，羽が広がっていく様子をじいっと見ていたり，動物のミニチュアの人形を幾何学模様のようにきれいに並べたり，ようこ先生と他の子どもたち

が園庭にある雑草園の話をしていたそばで，一言「ヘビいちご」とつぶやいたという日もありました。また，身支度や片付けを一切やらないゆみちゃんに対して，几帳面なところのある男児が，「お片付けだよ」と声をかけると，ゆみちゃんは，さっさと自分の使っていたおもちゃを戻したとあり，その男児がようこ先生のところへ来て，「お話したらわかってくれたよ」と言ったと書かれていました。さらに，降園の集まりの時にゆみちゃんが椅子に座らずぐるぐる歩き回っていることについて繰り返し書かれていましたが，ある頃からそのことについては触れられなくなっていました。今はみんなから少し離れた端っこの席につくようになってきており，いつの間にかゆみちゃんの姿が変化していたことに気づかされたのです。

　ようこ先生は，記録を読み進めるうちに，言葉なく動き回っているばかりという自分の一面的なゆみちゃん理解が変わっていくのを感じました。記録の文字の間から，「わたしのことを見て」「わたしをわかって」と言っているゆみちゃんの声が聞こえてくるようでした。そう思うと，ゆみちゃんのことがとてもいとおしく近くに感じられ，もち前の子どもへのあたたかな思いが蘇ってきました。

　ところで，津守真は，『保育者の地平』（ミネルヴァ書房，1997年）という本のなかで，次のように言っています。

> 　保育者は，子どもの生活の中に組みこまれている存在なので，子どもがいきづまり困惑していると，保育者もいきづまる。保育者が希望を失い不安定になると，子どもも困惑の度を増す。

　自分自身の忙しさや，周りからの評価を気にして自分の身を守ろうとしていた心の動きから，日々の保育のなかでゆみちゃんの存在を重く感じていたようこ先生は，まさしく保育者としての「危機」にあったと言えるでしょう。ある時には，ゆみちゃんは他の子どもと違うから，きっと何らかの障碍があるからこうなのだと自分に言い聞かせて済ませようとしてしまっていました。また，ある時には，自分の保育の力量が足りないために，あちらにもこちらにも手をとられるばかりでゆみちゃんに十分かかわることができないと自分を責めていました。ようこ先生は，保育者としての自分が生きる世界を自分で狭くしていってしまっていたようです。そして，ゆみちゃんの今もっている力や人間として育っていこうとする力を信頼できなくなっていたようこ先

第6章　障碍のある子どもの保育から考える子ども理解

生の行き詰まりが，ゆみちゃんの行動をますます不安定なものにしていたのかもしれません。このことに気づいたようこ先生は，何か肩の力がすうっと抜けていくのを感じました。そして，もっと周りの保育者に自分の状況を素直に伝えて，助けてもらおうと思いました。たとえ後輩でも，悩みを打ち明けてみようと謙虚にそう思えたのです。

まさに今，保育者の危機は，子どもの姿を見つめ直すことによって新たにその子どもと向かい合う力を取り戻すことへとつながっていったのでした。

第3節　積み重なる日々の恵みとの出会い

❶きらめく瞬間の体験

気持ちを立て直し，新たに保育に向かっていったようこ先生にとって，やがてうれしい瞬間が訪れます。

Episode 3

➡12　腐葉土
カブトムシの幼虫を飼育する際に，エサとなる園芸用の土の一種です。字のとおり，落ち葉が腐って土になったものですが，化学肥料などの有害物質が入っている場合があるため，カブトムシ専用のマットを購入する方がよいようです。

寄りかかられてハッとした瞬間

年長組から分けてもらったカブトムシの幼虫のためにようこ先生が腐葉土を用意していた朝，何人もの子どもたちが集まってきました。子どもたちの興味津津の頭が，小さな飼育箱の上に覆いかぶさるようにして，押し合いへし合いになったので，ようこ先生は飼育箱をテラスの広いところへ移動しました。新聞紙を広げ，そこに飼育箱の中身をあけると，なかからカブトムシの幼虫がコロリコロリと出てきました。つやつやした白い体をくねくねと動かしている幼虫を，皆は，目を大きくして見つめました。直接幼虫に触れられず，黒いつぶつぶを指でつまんでいる子どもが何人かいたので，「それは幼虫さんのうんちね」と言うと，はじめはびっくりしていた皆も，思いの他たくさんの黒いつぶつぶに，何か幼虫のもつ生命力のようなものを感じ取っている様子でした。

その時です。ようこ先生は背中に寄りかかってくる子どもの感触を感じました。ゆみちゃんでした。ゆみちゃんは，ようこ先生の背中をぐいぐい押しながら，先生の肩越しに幼虫を覗き込んでいました。「カブトムシ……」とつぶやいています。ゆみちゃんは，全体重を預けるようにしゃがんでいたようこ先生

の上に後ろから覆いかぶさってきたので，ようこ先生の頭は下に押しつけられ，前がよく見えなくなりましたが，されるままになっていました。ようこ先生は，うれしかったのです。あの時，ガブリと自分の手を嚙んで立ち去ったゆみちゃんが，こうして自分のところへ，いや，皆のところへ再びやってきてくれたことに有り難い気持ちでいっぱいになりました。そういえば，ゆみちゃんは，アリを見つけると靴で踏みつぶし，保育室の金魚の水槽に手を突っ込み，その都度はらはらさせられましたが，生き物に対しては何か格別の興味を示していたようです。
　こうしてみると，タンポポの時も，いつもは周囲の友達に関心の薄い様子を見せていたゆみちゃんが，せっかく近づいてきた瞬間だったと思えました。物理的距離が縮まるということは，心の距離も近づくことではなかったかと，今になって改めて気づいたのでした。しかも今，正面からではなく，ようこ先生の背中を入り口にするかのように，背後からやってきたゆみちゃんに，人に対する繊細な気持ちが感じられました。

　外側からは，力ずくで保育者の背中を押しているだけに見えたかもしれません。しかし，取るに足りないささやかな一場面にしかすぎないこの時が，ようこ先生にとってはきらめくような感動を覚えた瞬間であったということです。保育者として，ゆみちゃんからもう一度チャンスをもらえたような気がしましたし，ゆみちゃんにとって幼稚園での生活が，決して苦痛なわけではなく，興味を惹かれるものに支えられて，人に対する気持ちも少しずつ開かれていく場になっていることを実感することができたのです。

❷「見える」眼，「感じる」眼，「ともにいる」眼

　保育は，子どもたちと日々の生活をともにすることのなかにあります。子どもは，その場が自分にとって安心できる場であることや，一緒にいてくれる大人が信頼できるに足る存在であることを知ると，さまざまな仕方で，自分自身を表現することをはじめます。それが，大人を戸惑わせるような，保育者を悩ませるような行為として現れることもありますが，それらを「困った行為」「心配な行為」「ダメな行為」としてしか見られないでいると，子どもの願っていることや，子どもが実現したいと思っていること，子ども自身がぶつかっている困難に気づくことは難しくなるでしょう。
　特に，障碍のある子どもがクラスにいる場合，その子の思いや願い

は表面からは，一層見えにくいということがあるかもしれません。なぜ保育室にいないで走り回っているのか，なぜ水道の水を流し続けているのか，なぜ友達のつくったものを壊すのか，なぜ紙芝居や絵本を読もうとすると大声を出すのか，なぜ決まったものしか食べないのか，なぜ保育室から遊戯室へ移動することに強く抵抗するのか，なぜ急に友達に飛びかかっていくのか，なぜもち物を全部抱えて手放さないのか，なぜ園庭におしっこをしてしまうのか……。

「なぜ～なのか」という疑問は，「なぜ～しないのか」と同様，その子どもの現在の姿を否定する方向へ流れて行ってしまいやすいので注意が必要です。「なぜ」を考え，その子の表現している思いに近づくことは大切なことではあるのですが，保育の最中に立ち止まりすぎることは，その子の今の行為に向き合う自分の態勢を弱める結果になってしまいかねません。子どもの行為をよく見よう，わかろうと焦れば焦るほど，その子の行為が気になって，目の前のその子にかかわる保育者の視線は，険しくなってしまうことでしょう。障碍の有無にかかわらず，子どもは，自分の今のあり方が認められ，受け入れられていないことはすぐに察知してしまいます。自分に対して肯定的なまなざしとそうでないまなざしを見分けるかのように，さまざまな行動を示してくるので，保育者は自分が試されているような気分にさえなります。

相手を「わかりたい」と思う気持ちは大切ですが，早急にうまくいくわけではありません。ようこ先生が出会ったような心動かされる瞬間は，それまでずっと積み重ねてきた何でもない日々の，記録や言葉には残っていないかもしれない，無数に積み重ねられたやり取りの賜物ではないでしょうか。疑問にぶつかり，保育者としての自信を奪われ，落ち込むような出来事を経験しながらも，ゆみちゃんがゆみちゃんらしく，園での生活を楽しんでくれるようにという保育者としての願いをもって，明るい気持ちを立て直しながら過ごしてきた毎日の時間の連なりがあったからこそ，経験できたことなのです。それは，保育の場に実際に立ってみれば，自ずとそうならざるを得ない力を子どもの方が与えてくれるように思います。一旦流れはじめた一日は，もうそれを止めることはできません。どんな自分であれ，保育者である自分のもてるものを総動員してそれぞれの子どもに精一杯かかわるだけです。毎朝の出会いを喜び，子どもが自分から取り組もうとしている活動ならどんなに小さなことでもできる限り支え，できないことや

やろうとしないことにはその都度丁寧に向き合い続けるなかで，心と身体・言葉や行動を通して，子どもとの無数の応答を繰り返しているからです。

そこでの保育者のまなざしは，「わかろうとする」眼・「気にする」眼ではなく，子どもの表現がありのままに「見える」眼であり，子どもの思いを「感じる」眼であり，そして，子どもの傍らに「ともにいる」眼として，子どもを優しくつつむまなざしであると言えます。子どもは，自分自身を発揮して，自分らしさを表現しながら成長していくために，外側から自分を見て判断し，問題点を指摘する保育者ではなく，いつもそばにいてともに自分の思いを感じ取ってくれる保育者を必要としているのです。

そうある時にはきっと，「子どもの示す小さな変化」に気づき，そこにその子の心のありようを感じ取ることができることでしょう。そんなところから，子どもの行為の意味が少しずつ見えてくるに違いありません。個々の子どもの行為が表している意味に触れつつ，子どもへの理解を深め，保育者としてその子の育ちのためになすべきこと・力になれることは何なのかを考え，実践していくのが保育者の務めであると言えます。

❸周囲の人々に支えられる日々

①他の保育者による支え

さきほど，「子どもの示す小さな変化」ということを述べましたが，大勢の子どもを担任していくなかでは，これになかなか気づけない場合も当然出てきます。特定の子どもに丁寧にじっくりとかかわる必要を感じていても，なかなか個にかかわることができない状況もあるからです。たとえば，登園時間帯はクラス一人ひとりの子どもたちの朝の受け入れをしますから，動きの激しい子どもについていきたいと思っても保育室を離れることは難しいでしょう。また，クラス全体で散歩に出かけたり，行事の日の流れに向かったりしている時，特定の子どもの手だけをずっとつないでいることも困難です。そんな時には，他の保育者の協力がぜひとも不可欠になってきます。これには，園全体で，保育者の配置や役割を考えて，対応できる体制を整えていくとともに，個々の保育者が担当の子どもだけを保育すればそれでよいという狭い考えをもたないように気をつけることです。筆者自身も，フ

➡13　相手の立場に立って他者の感情や態度などを理解し共有することは，心理学の言葉で言うと，「共感性」とか「共感的理解」ということにあたるでしょう。一方，倉橋惣三（1882-1955）は，子どもは心もちに生きており，「その心もちを汲んでくれる人，その心もちに触れてくれる人だけが，子どもにとって有り難い人，うれしい人である」と述べています。（津守真・森上史朗（編）『育ての心（上）』（倉橋惣三文庫③），フレーベル館，2008年，p. 34.）

リーの保育者や隣のクラスの担任に随分助けられた経験があります。「〇〇ちゃん，この頃私にベタベタしてくるのよ」との報告を受けて，担任の自分のところには来ないと狭い気持ちを抱くのではなく，担任が難しい時には，支えてくれる仲間があるのだと感謝する広い気持ちをもつことを学びました。ただし，それで安心して任せっぱなしにしないこと，身体はそばにいられなくても，いつもその子のことを考え，気遣っていくことはもちろん必要です。

②子どもたちによる支え

一方，筆者は，クラスの子どもたちに助けられることも多く経験してきました。ある子どもについて，一日に何度も「せんせー」と訴えて来る，その子がそばに来ると自然と身をよけて避ける仕草になる，実習生に対して「この子に近づかないほうがいいよ」とささやいていく，何か事が起こると「〇〇がやった」と決めつけて話す，など担任としては，心悩ませることも多くありました。しかし反対に，何も言わずに黙ってその子の隣に行ってその子が好きな絵本を一緒に見ている姿や，顔をつかまれても騒がずそっと手をつないで園バスに乗っていく姿，本人はまだ保育室に戻って来ていなくても，忘れずにもう１つの椅子を用意して置いておく姿など，クラスの子どもたちが，相手の行為を受け入れることに悩みつつも，その子の表わし方や気持ちを理解してかかわろうとしている様子には教えられることがとても多くありました。

なかでも，保育室から外のプールに移動する際，パニックになり暴れる子どもを筆者が抱きかかえていた時に，クラスの子どもたちが全員水を打ったように静かに並んで移動し，しっかりものの女児たちが，保育者とその子の荷物をもって後ろから続いてきてくれた日の光景は忘れることができません。子どもたちは，いろいろなことを言って担任を心配させましたが，互いに信頼し合い，助け合う心を，確実に育んでいたのです。当の子どもにとっても，この時のクラスの空気は自然と伝わったようでした。足拭きタオルがたくさん並んだプールの入り口まで来ると，いつもなら一旦崩れるとなかなか落ち着くことが難しいその子が，ピタッと静かになりました。実際その場に来てみて状況も理解できたのでしょうが，皆と一緒という一体感を感じてそのなかで安心できることを体験したひとときであったように思います。

③保護者との協力による支え

障碍のある子どもへの理解を深めていくために欠かすことができな

いこと，それは保護者との関係づくりです。どの子どもについても家庭と園との生活のつながりを知った上でかかわることは大切ですから，全ての保護者との関係づくりが重要なのですが，言葉による表現や伝達に頼ることの難しい乳児や低年齢児，障碍のある子ども，たとえ年長児であっても新しくその園での生活をはじめる子どもなどに対しては，なおさらです。

　ところで，保育者同士で話をしている時に陥りがちな危険性として，保護者がその子の障碍を認めているかどうかをその子の今の姿と結びつけて議論してしまいがちなことがあります。子どもが何か受け止め難い行為を示した時に，「やっぱり，お母さん自身が障碍を認めてくれなければ」と保護者の意識に原因を求めて責めるようなことは，保育者としての専門的な役割を放棄していると言えるかもしれません。

　筆者にも苦い経験があります。まだその子を受けもって間もない頃，母親から自分のあずかり知らないところでわが子に対する偏見から人が何か噂をするのは耐えられないという訴えを聞いていたため，園で起きたことはなるべくその日のうちに担任の自分の口から，母親に連絡しておきたいと考えました。しかし，実際そのようにしてみると，今度は同じ母親から，「何か事が起こるたびに連絡を受けなければならないのは辛い」とこぼされてしまったのです。子ども同士の間で起きたトラブルについては，伝えるか伝えないか，伝えるとしたらどちらにどのように伝えるか，その伝え方や対応の仕方は大変微妙で難しいのですが，保護者によっては，これまでの生活を通じて社会や世間の人々に絶望や憤りを抱えている場合もありますから，新たに園として担任として保護者との関係を築いていくことについては繊細な思いやりと努力が必要なのです。それを，「被害者意識が強い」とか，「過去のことにとらわれている」，などと非難することになっては，保育者集団としてもその質を問われることになるでしょう。

　生まれた時からずっとそばにいる家族ですから，たとえば，「うちの子は普通です」と，ことさらにかたくなな態度をとっている場合でも，実はわが子のことは，よく見もし，理解してもいるのではないかと思われます。興味のあること・好きなこと，嫌いなもの・苦手なことをはじめとして，どのような状況にどのような行為で自分の気持ちを表現してくるのか，どういうことに気をつけてどのように伝えるようにすれば不安をあおらずに済むのか，パニックになった時に落ち着くようにするには何に留意したらよいのかなど，保護者から教えても

第6章 障碍のある子どもの保育から考える子ども理解

らいたいものです。あるいは，保護者がわが子にどう接したらよいのかわからずに悩んでいる時には，一緒に考えていく姿勢で，家でも園でも，その子ができるだけ生きやすい環境を工夫していくよう協力し合っていければ幸いです。

またさらには，クラスの他の保護者の方々の理解と協力を得るためにも，保育者は努力しなければなりません。子どものことだけでなく，保護者も含めてどのような人間関係を目指していきたいと考えるのか，相互に理解し合えるよう心を砕いていくことです。一人ひとり異なる子どもや家族，そして保育者たちですが，子どもたちそれぞれの育ちを願ってどのように力を出し合っていけるのか，考えながらかかわっていくことで，逆に保育の場や保育者自身を支えてくれることに通じていくのです。

④専門機関や専門職の人々との連携による支え

クラスの子どものことで保育者が悩んでいる時に，園外の専門機関や専門職の人々の助言や視点が得られる仕組みや機会があるかどうかも重要です。たとえ，保育者同士の支え合いが良好に成り立っている職場でも，互いの経験や知識には限界もあります。園内だけでは，解決や判断の難しいケースもあります。地域の保健所や幼児教育センター[14]，療育センターや園医などの小児医療機関，児童相談所，あるいは，巡回訪問・巡回指導などとして定期的に園を訪れる専門の心理職員・保育カウンセラー[15]などとの連携は，地域の関連する有効な専門的立場にある人々からの協力を得ることで，特定の子どもに関する相談ばかりではなく，園の保育を外部の人々に開く機会をつくり，自分たちの保育を見直すきっかけにもなることでしょう。

担任保育者にとっては，日頃の自分自身のその子への接し方やかかわり，周囲の子どもたちや保護者への対応の仕方がどうであるのか，確認できる貴重なチャンスとなっていきます。よくわからないまま自己流に頑張ってきたことが，果たしてそれで本当に障碍のある子どもにとって適切と言えるのか，園生活がその子にとって意味ある場となり得ているのか，あるいはその子とのかかわり方においてもう少し改善・工夫できそうなところはないか，さらに，周りの子どもや保護者への伝え方，などについてアドバイスを得られることが，担任保育者が孤立することを救ってくれます。ひいては，特定の子どもへの援助の仕方ばかりではなく，園全体として，子どもをとらえる見方を広げ，その園の保育そのものに対する考え方を深めていく機会とも成り得る

➡14 **保健所や幼児教育センター，療育センター**
保健所は，地域住民の健康や衛生を支えるために都道府県および一定の市に設置された公的機関ですが，市町村レベルでは保健センター，保健福祉センターなどの機関がより身近な保健サービスを行っています。幼児教育センターは，乳幼児の健やかな育ちや子育てについて研修・研究事業や相談・指導事業，子育て支援事業などを総合的に行う機関であり，療育センターは，心身に障碍やその心配のある子どもの早期発見や早期療育のための相談や指導などを行う機関です。

➡15 **専門の心理職員・保育カウンセラー**
心理職員とは，多くは発達心理学や臨床心理学の専門家であり，子どもの心や行動，発達について保育の場に巡回訪問に出向いて，相談や助言・指導を行います。保育カウンセラーとは，カウンセリングや保育についての専門的知識や経験から，保育者の悩みや相談にのり，助言を行う役割をもつ人のことです。

かもしれません。

　実は，以上のような専門機関や専門職の人々との連携については，文部科学省によって改革が行われ，2007年4月より施行された「特別支援教育」という制度のなかでもはじめられています。幼児に関しても，幼稚園が学校教育法において規定されている関係で，この制度に組み込まれています。この制度は，「障害のある幼児児童生徒の自立や社会参加に向けた主体的な取組を支援するという視点に立ち，幼児児童生徒一人ひとりの教育的ニーズを把握し，その持てる力を高め，生活や学習上の困難を改善又は克服するため，適切な指導及び必要な支援を行う」もので，「これまでの特殊教育の対象の障害だけでなく，知的な遅れのない発達障害も含めて，特別な支援を必要とする幼児児童生徒が在籍する全ての学校において実施されるものである」と文部科学省の初等中等教育局長通知「特別支援教育の推進について（通知）」のなかに述べられています。

　その取り組みの内容として，学校内に「特別支援教育コーディネーター」という役割の教員を指名し，この特別支援教育コーディネーターが，「校内に設置された特別支援教育に関する委員会や校内研修の企画・運営，関係諸機関・学校との連絡・調整，保護者からの相談窓口などの役割を担う」とされており，乳幼児期から学校卒業まで一貫して，教育・医療・保健・福祉・労働といった各方面の関係諸機関と連携を図って「個別の教育支援計画」や「個別の指導計画」などをつくることが定められているのです。また，教育委員会の職員や，教員，心理学の専門家，医師などから構成される「専門家チーム」を結成して，各学校を巡回して指導や助言を行う巡回相談の実施を可能な限り行うということも盛り込まれています。

　さらに，特別支援教育制度のなかでは学校間の連絡について触れられていますが，子どもを守り，支えていく現場同士が，研修などを通じてつながっていくことも，直接子どもにかかわる保育者にとっては意味があります。保育を行う上で，同じような困難や悩みにぶつかっている保育者同士が，それぞれの体験を共有し，自らの保育を振り返ったり，今後の保育に希望や見通しをもてるように話し合ったりすることは非常に意味ある学びとなることでしょう。

→16　学校教育法
　日本の学校（幼稚園，小学校，中学校，高等学校，中等教育学校，特別支援学校，大学および高等専門学校など）の制度の基本を定めた法律です。

→17　特殊教育
　特別支援教育の制度がはじまる前までは，盲学校，聾学校，養護学校や，小・中・高等学校の特殊学級において，障碍の種類や程度に応じ，知的障害者，肢体不自由者や病弱者などに対して行われる教育のことを特殊教育と言いました。

→18　特別支援教育の施行にあたって，文部科学省の初等中等教育局長より，全国の教育委員会や各都道府県知事などに示された通知のことです（2007年4月1日付）。特別支援教育を広く知らせて推進するために，その理念や体制の整備，必要な取り組みや支援などについて書かれています。

→19　特別支援教育では，障碍のある幼児・児童・生徒「一人ひとりの教育的ニーズ」に対応して教育を行うことが強調されています。そこで，乳幼児期から学校を卒業するまで，子どもや保護者に対して一貫した支援を行う体制を整備し，適切な教育的支援を行うためにこれらの計画が必要であるとされています（文部科学省「今後の特別支援教育の在り方について（最終報告）」2003年3月28日）。

第6章 障碍のある子どもの保育から考える子ども理解

第4節 人間の多様性への理解に向けて

　これまで、障碍のある子どもの保育について考えてきましたが、それぞれの子どもが、人とは異なる固有の世界をもち生きているという意味において、「一人ひとりのもつ多様性を理解する」ということが共通して見えてきたように思います。最後に、このことのために保育者が留意すべき事項をまとめてみることにします。

❶個の違いを受け入れること

　保育という場は、「相手の立場に立つ」「相手の気持ちになる」ことが徹底的に必要とされるところではないでしょうか。「相手」には、いろいろな人が考えられますが、その一番目が子どもということになります。大人は子どもの世界を感じ取るために、感性やイメージ・想像力を総動員してかかわります。あるいは、かつては自分自身も子どもだった記憶や感覚を呼び覚ましながら向かいます。たとえば、子どもが、水や砂に触れる時、大人は自分もまた水や砂に触れることで、子どもが、物質のもつ想像力から大いなる力を与えられ、外の世界に向かうことで内なる世界をより豊かに耕しているのだということを知ります。

　また、大人は、子どもが自分とは異なる他者に出会い、触れ合うことで、さまざまな個の違いを乗り越えながら、相互性の世界を体験し、より深く自分自身を知ることにつながっていく様子に出合います。これは、一人ひとり異なる子どもに出会う大人、つまりここでは保育者にとっても全く同じことです。相手は、一人ひとり異なるのであって、障碍のある子ども、障碍のない子どもとして、出会っているわけではありません。保育者は、「○○ちゃん」として出会い、「○○ちゃんが生きている世界」を理解し、感じ取ろうと心を砕きます。

　ところで、最近では、社会的、経済的な理由から、日本語を母語としない子どもたちや外国籍の子どもたちを保育の場に迎え入れることも多くなってきました。たとえば、大きな港に近いある保育所では、中国人の在籍児の割合が非常に多くなっていたり、工場労働者として

[20] フランスの哲学者ガストン・バシュラール（1884～1962）は、人間の想像力について、火・水・空気・大地の4つの元素の「物質的想像力」に関する理論を展開しています。たとえば、硬い大地に穴を開けようとする時に手に伝わってくる手ごたえは、人間に抵抗する世界からの刺激を与え、それを支配しようとする意志の力を呼び覚ますと言っています（G.バシュラール、及川馥（訳）『大地と意志の夢想』思潮社、1972年）。

[21] 津守真は、保育を通じて子どものなかに育てるものを、1.存在感、2.能動性、3.相互性、4.自我、であるとし、子どもが自分の生きる場所を実感して存在感を確かにし、自分の能動性を発揮して自分が選んだことをやり、相互性をもって人として互いに調節し、自分自身の自我をつくるのを助けるのが保育の課題であり、保育者の仕事であると論じています（津守真『保育者の地平――私的体験から普遍に向けて』ミネルヴァ書房、1997年）。

外国人を多く受け入れている地方都市では，ブラジル人やフィリピン人などの子どもたちがいたり，大使館が多く位置する東京都内では，いろいろな国の子どもたちが地元の幼稚園に通って来たりしています。かつて筆者も，大使館職員の子どもで，パラグアイから来た女児を担任した経験がありますが，文化の異なる外国での生活ということから，他の新入園児に比べて，環境の変化はより一層大きく，両親にとっても日本での生活に適応する期間が必要であり，この子どもの不安は非常に大きいようでした。スペイン語が公用語でしたが，母親も父親の仕事柄英語が少しわかり，多少のやりとりは可能でした。それでも細かな連絡事項などは，日本人の通訳の女性を通じて行いました。また一方で，家庭でこの子に対して使っている簡単なスペイン語をいくつか母親から教えてもらったりしました。現在，自治体によっては，中国語や韓国語，英語などの入園案内を作成したり，ボランティアの通訳をおいているところもあり，外国籍の子どもの受け入れに際して，体制の整備も少しずつ進んできています。

　ただし，現場で直接かかわる保育者にとっては，やはり個別の配慮をより多く必要とする事柄が発生してくることでしょう。時間に対する感覚や服装・食生活の違い，子育ての文化の違いのほか，宗教の問題が関係してくる場合もあります。また，一度に何か国かの異なる国の子どもを受け入れなければならない場合は，さらに複雑になります。

　しかし，保育者が忘れてはならないことは，一人ひとり異なる存在として個の違いを受け入れる気持ちでかかわるということです。生活面の援助の上で，戸惑うことも多々あることでしょうが，そのことによって逆に保育者は，毎年のことで当たり前になってきていた新入園児や保護者が新しい環境で戸惑う気持ちを，身をもって知ることができます。まさに，相手の立場になり，相手の気持ちを知ることにつながっています。そして，子どもが安心して自分を発揮できるような遊びの環境づくりを繊細な配慮と努力で行っていくことです。このことによって，自分がそれまでの保育のなかで，いかに言葉に頼っていたかということに気づき，子どもの実態に即して環境を考えることの大切さを再認識することでしょう。

　先のパラグアイの子どもは，しばらくの間大好きなブランコに乗って周囲をじっと見ながら過ごしていましたが，揺れ動く不安定な環境のなかで心細く過ごすその子の気持ちを表わしているようでした。やがて，自分からブランコを降りて自分の足で地面に立ち，園庭で繰り

広げられているどろんこ遊びへと加わってきました。フリルの多いドレスのような服が汚れてしまうことが気になったのか、生活様式の違いがあったためか、他の子どものように園庭にしゃがむことをせず、立てひざを突いて小さなカップとシャベルを手にした時の表情には、ようやく笑みがこぼれていました。時間はかかっても、個の違いや一人ひとりの多様性を重視して、その子のペースで、その子自身が納得するやり方で、環境やかかわり方を工夫していく必要を感じました。

❷もちこたえること・引き受けること

　個の違いを受け入れることは、他にも大勢の子どもたちが生活していて、保育者が全員に同時に個別にかかわることができない状況では、安全面や他の子どもへの影響を考えた場合、実は、なかなか難しいことでもあります。また、その子の行動自体が、すぐには受け止め難いものである場合には、なおさらです。たとえば、流しで雑巾をびしょびしょにして、部屋中にモップをかけたがったり、おもちゃの棚や用具の入れ物などをすべて1か所に集めて山にし、その上によじ登ろうとしたり、棒状のものを両手に1つずつもって次々と近くの子どもに振り下ろしたりする場合など、保育者にとっていわゆる「困った行動」を示してくる場合があります。また、自分のやりたいことが見つからず、生命感・存在感なくふわふわと過ごしている子どもや、保育者に関心を示さず心を開いてこない子どもがクラスにいる場合なども、その子を受け止め難くなることがあるでしょう。

　いずれにしても、【Episode 2】のようこ先生のように、子どもとの関係において、保育者が子どもの行為の意味を汲み取ることが困難であると、応答関係が成り立たず、子どもの方も生き生きとした現在を過ごすことができなくなります。保育者の大きな役割として、そのような危機的状況に直面したとしてもその困難な時期を、その時のさまざまな状況を引き受け、何とかもちこたえるということがあげられます。それには、子どもが自分らしさを発揮して伸び伸びと生活することができるようになることを願って、保育者である自分自身をも支え続けることが必要です。危機を希望に変える大人の人間としての力が求められているのです。他者の存在をその身に背負い、引き受けること、そして子どもの姿の如何を問わずもちこたえるだけの心の強さを発揮すべき時があり、そこにこそ人間としての成長への道が開かれて

いると言えるでしょう。

❸変化を感じ取ること

　次に，園生活で見せる子どもの，取るに足りないようなささやかな行為，「〇〇遊び」のようにはっきりと名づけることの難しい活動，さり気なくたわいないふとした場面などを通じて，その子どもの変化する姿を感じ取ることが重要となってきます。以前の同じような活動や様子と比べてどこがどのように違うかを鋭く感じ取り，それがどういうことなのか，その子どもにとっての意味を探り，子どもが実現したいと願っていることや子どものなかで動いている思いについて考えるということを日々繰り返していきます。

　障碍のある子どもの場合には，変化が見えにくかったり，ゆっくりであったりしますが，子どもが示す行為という意味では何ら変わるところはありません。地味な観察やかかわりの繰り返しになるかもしれませんが，根気強くその日その時の活動の充実を目指してかかわっていく努力が必要でしょう。

❹知ること・学ぶこと

　保育の道を志しはじめた初学の学生の方々に話を聞くと，「子どもといると楽しい」「癒される」という声をよく耳にします。どんな理由であれ，「子どもが好き」という思いを原点にもっていてほしいと思いますが，自分が楽しさや癒しを与えてもらうばかりではなく，自ら学ぶ姿勢が重要であることはすぐにわかるでしょう。障碍についての情報や知識は，それが先入観となって当の子どもとのかかわりに影響を及ぼすようでは困りますが，専門的に論じられていることについて学び，先輩保育者の実体験を知ることによって，自分が出会っている子どもに対する理解に役立てることは賢明な子ども理解への一手段であると思われます。

❺自分自身をひらくこと・つながりを大切にすること

　自分自身をひらくとは，まずは，自分の体験を言語化して近くにいる仲間の保育者と体験の共有を図ることです。わからないこと，見え

第6章 障碍のある子どもの保育から考える子ども理解

ないこと，困難なことに取り囲まれていても，保育の場を一緒に支えてくれる仲間と協力し合える人間関係を築くことは大変重要です。そのためには，日々の記録と省察を怠らない努力も必要となってきます。体験を言語化する際，その方法や深さにはいろいろあって，保育後の片付けや掃除をして身体を動かしているその最中に仲間と交わす何気ない会話も，それが毎日積み重なっていきますので，意外と重要な自分をひらく機会となっていきます。相手に言葉で伝えるためには，その前に，あるいは話しながら，自分自身の体験に立ち返る必要が生じます。そこで再び，今日の子どもと出会い，その時の空気や感覚・感触など，言葉にならない体験の全体を呼び覚ますひと時がめぐってくるのです。

→22 一日の保育を終えた時，そこで体験したことを振り返り，文字として記録しながら，もう一度子どもと出会い，それぞれの子どもの行為の意味について考え理解しようとする行為＝省察（せいさつ）は，保育者にとっては，保育全体のなかで欠かすことのできない行為であると言えます。

別の方法や機会としては，反省や打ち合わせの会議，指導計画の作成作業，テーマを定めた研究保育や園内研修，職員会議などさまざまありますが，保育者が自分自身をひらく対象は，子ども，他の保育者，職員，保護者，関係諸機関，地域の人々など，幅広く考えられます。個々の人間関係におけるつながりを大切に，たった1人で背負うのではなく，分かち合うことを通じて，相互の理解や協力をもとにして，子どもの育ちをしっかりと守り，よりよい保育を実践していくことが望まれます。

❻ともにあることの喜びを感じること

保育者と子どもとの関係は，朝の出会いによってはじまると同時に，朝の出会いによって決まる，と言ってもよいくらい繰り返される朝の出会いの場面は大切です。日常生活では，いちいち出会いの不思議さを感じている間はないかもしれませんが，たくさんの人間同士が生きるこの世界で，保育者としてこの子に出会えた喜び，信頼できる心を求めてこの自分にありのままの姿で一途に向かってきてくれる姿への感動を忘れずに，今日もまた新しく出会えたことに感謝して，丁寧に大切にかかわらずにはいられません。

この時，子どもとともにあることの喜びによって生かされている自分自身を感じることができることでしょう。保育者として生きることに，出会うことのできた子どもたちに，いつも感謝の気持ちをもっていることもまた，大切な留意事項と言えます。保育者だからというよりも，人として忘れてはならないことと言えるでしょう。

さらに学びたい人のために

- 浜田寿美男『ありのままを生きる——障害と子どもの世界』岩波書店，1997年
  障碍をどうとらえたらよいかということについて深く考えさせてくれる本です。
- 野本茂夫（監修）『障害児保育入門——どの子にもうれしい保育をめざして』ミネルヴァ書房，2005年
  さまざまな保育者が，実際に障碍のある子どもをクラスや園に迎えて，いかに心を傾けて懸命に毎日を過ごしているかという事例が感動的に描かれています。
- 稲垣忠彦・河合隼雄・竹内敏晴・佐藤学他（編）『シリーズ授業10　障害児教育——発達の壁をこえる』岩波書店，1991年
  ある小さな私立の養護学校（現：特別支援学校）で行われている保育の実際について，自分を表現する遊びによって自分らしく成長する子どもの姿と，それにかかわる保育者や保護者のあり方を通して知ることができます。
- 愛育養護学校〈幼児期を考える会〉（編）『親たちは語る——愛育養護学校の子育て・親育ち』ミネルヴァ書房，1996年
- 石井利香（編）『障害児の親から健常児の親へ——統合保育が当たり前の世の中になることを願って』朱鷺書房，2000年
  これらの本には，障碍のある子どもを育てる保護者や家族の思いや願いが語られています。
- 藤﨑眞知代・本郷一夫・金田利子・無藤隆（編著）『育児・保育現場での発達とその支援』ミネルヴァ書房，2002年
  発達臨床心理学という専門領域の本ですが，子どもの発達への支援という立場から，育児や保育の現場で子どもや保護者，保育者に対してどのような支援が行われているのか，理論と実際の両面から知ることができます。

演 習 問 題

1. 保育の場面で経験した，かかわりや理解が難しいと感じられた子どもの事例や場面を出し合って，それぞれが「子ども理解」に関してぶつかった困難を中心に，互いの経験を深く振り返ってみましょう。
2. 自分たちが住む地域に保健センター・療育センター・幼児教育センター，児童相談所などとして実際にどのような施設があるか，また，そこでの障碍児に関する業務内容や，そこで働く専門職員について具体的に調べてみましょう。
3. 統合保育を行っている幼稚園や保育所に，継続した観察や記録をお願いして，子どもの姿や保育者の援助・配慮について学ばせていただきましょう。
4. 障碍のある子どもについての絵本や，障碍児による著作を探して読み，感じたことを出し合い，自分たちの障碍観や保育観について考えましょう。

第7章 子ども理解と保育現場でのカウンセリング

　一人ひとりの子どもについて理解することが保育の基本であることは，これまでの章のなかでも述べられてきましたが，子どもの育ちの状態やその子どもを取り巻く環境をより丁寧に理解し，その子どものニーズに合った特別なかかわりが求められる場合があります。その場合，臨床心理学や発達心理学，特別支援教育などの知識や技能をもつ専門家と保育者が連携し，子どもだけでなく保護者もともに支えていく必要があります。

　この章では，保育現場での「保育カウンセラー」の活動を紹介しつつ，主に臨床心理学的視点での子ども理解の特徴と保護者支援，カウンセラーと保育者との連携について具体的に述べていきます。

ハル君とどう
かかわったらいいのか…
実は恋人とも
うまくいってなくて…
自信喪失…
え？
でも
あなたの
一生懸命さは
伝わってると
思うわ
よーし
がんばる！
子どもも
保育者も
丸ごと受け
とめますっ
保育
カウンセラー
じゃ私の
相談も！
最近体重が
増えちゃって
….

第1節 保育現場における臨床家
——保育カウンセラーとは

▶1 注意欠陥性多動性障害（ADHD: Attention-Deficit/Hyperactivity Disorder）

不注意，多動，衝動性という特徴をもちます。気が散りやすくじっとしていることが苦手で，動き回ったり，順番を待てなかったり，他の子の邪魔をしてしまったりするといった行動が多くみられます。

▶2 広汎性発達障害（PDD: Pervasive Development Disorder）

人とのかかわり（社会性）の問題，ことば（コミュニケーション）の問題，想像力の問題という3つから成り，生活習慣など広範囲にわたる発達の遅れや特徴的な行動がみられます。障害の程度は知的障害を伴うものから知的障害を伴わないもの（アスペルガー症候群）まで，多様でありつつ連続性（スペクトラム）をもつことから，「自閉症スペクトラム」という概念でとらえられることもあります。

▶3 学習障害（LD: Learning Disability）

全体的な知的発達に遅れはないけれども，読み書き，計算など特定の学習に関する能力に著しい困難がある状態を指します。

幼稚園や保育所などの保育の現場では，保育者はそれぞれの子どもの姿を読み取りながら，子どもが発達に必要な経験をつみ重ねられるようにかかわっています。そのなかで，こだわりが強い，他の子とトラブルになりがちである，気に入らないことがあると保育室を出て行ってしまうなど，「ちょっと気になる」行動の特徴がある子どもについては，保育者はより丁寧にその姿を読み取り，かかわろうとします。しかし，それでも保育者の理解を超えた子どもの姿があったり，保育者だけのかかわりでは子どもの育ちを支えきれないと感じたりする場合もあります。

現在「発達障害」として注意欠陥多動性障害（ADHD）や広汎性発達障害（PDD），学習障害（LD）といった症状をもつ子どもたちの存在が広く知られるようになっています。また，幼児期は発達の進む速度や生活経験の個人差が大きい時期であることから，発達障害として明確に診断が下される子どもだけでなく，その子のもつ特徴を理解してより丁寧にかかわることが求められる子どもがクラスのなかに1～2人程度いることは，珍しいことではありません。

そのような子どもたちに対して，子どもの状態のより適切な把握と，それに応じたかかわり方を保育者が知るためには，小児科医や臨床心理士など，保育者とは異なる立場の専門家から助言や指導を受けたり，それらの人々と連携することが必要になります。

また，保護者も子育てのなかでさまざまな悩みを抱えており，保護者自身の問題が子育てに影響を及ぼすこともあります。保護者の抱える悩みや問題は，子ども以上に複雑であることもあります。幼稚園教育要領には「幼稚園の運営に当たっては，子育ての支援のために保護者や地域の人々に機能や施設を開放して，（中略）幼児期の教育に関する相談に応じ（中略）るなど，地域における幼児期の教育のセンターとしての役割を果たすよう努めること」とあります。また保育所保育指針第6章には「保育所における保護者への支援は，保育士等の義務であり，その専門性を生かした子育て支援の役割は，特に重要なものである」とあります。幼稚園や保育所は，広く地域で子育てを行う

→4 幼稚園教育要領第3章第2の2より。

→5 保育所保育指針第6章より。

保護者を支援することが求められているのです。

　これらの保育現場の実態や，地域の子育て支援のニーズを受けて，保育所や幼稚園などで主に臨床心理学や発達心理学などの視点から保護者や保育者の相談に応じ，また保育者と連携して子どもの育ちを支援する専門家の1人として，「保育カウンセラー」がいます。

　全国の中学校に派遣されているスクールカウンセラー制度に比べると，「保育カウンセラー」の制度を実施している自治体はまだ限られており，その実施の仕方もさまざまですが，本章では，幼稚園に定期的に訪れ保育者や保護者の相談に応じる形式の保育カウンセラーの実践を例にあげて述べていきます。

第2節　保育カウンセラーによる子どもの理解のあり方

　ある自治体の幼稚園に毎月1度保育カウンセラーが訪れます。ある日，保育カウンセラーに4歳児クラスの担任のB先生から次のような相談がありました。以下，事例は実際の相談内容をもとに，プライバシーに配慮して再構成したものです。

Episode 1

→6 保育カウンセラー　2005年1月の中央教育審議会答申「子どもを取り巻く環境の変化を踏まえた今後の幼児教育の在り方について──子どもの最善の利益のために幼児教育を考える」のなかで，「保育カウンセラー」制度が提案されました。臨床心理士など，臨床心理学および乳幼児および児童の発達・教育の専門的知識をもった専門家がこれにあたります。

おこりんぼのAくん（保育者からの相談）

[相談者] 幼稚園の4歳児クラスうさぎ組担任のB先生（保育歴3年目）
[相談時期] 11月上旬
[相談内容]
　Aくんは，4歳児の4月から近隣の幼稚園から転園してきました。Aくんは入園当初から活発に園庭で遊んでいました。特に三輪車が好きで，毎日のように登園すると，カバンを片付けずに三輪車のところに走っていくので，その度に注意していました。また，自分の好きな三輪車が使えないなど，自分の思い通りにならない場面でかんしゃくを起こして怒って保育者を叩いたり，物を投げたりすることが多く，一度そういう状態になるとなかなか気持ちがおさまらないところがあります。そのため園長先生や主任先生が職員室で気持ちを落ち着かせてくれることもよくありました。他にも，入園当初から片付けの時間になっても遊びをやめるのを嫌がったり，クラスのみんなで製作をしたり音楽に合わせて踊ったりする活動に参加したがらないこともありました。

第7章　子ども理解と保育現場でのカウンセリング

▶7　保育カウンセラー制度を実施している自治体

たとえば公立幼稚園では，東京都の文京区や日野市，千葉県の浦安市などで実施され，大阪府私立幼稚園連盟では「キンダーカウンセラー事業」が実施されています。

　Aくんのお母さんにもなるべく園での様子をお話して，お家での様子も聞こうとしていたんですが，お母さんは「すいません，家でも言ってきかせているんですが……」とおっしゃる程度であまり深く話したがらない様子でした…。

　それでもAくん自身は幼稚園が好きで，ちょっとずつですが変化はみられるようになりました。1学期は一斉活動の場面では保育室から出ていってしまうこともあったんですが，2学期になって活動には参加しないけれど保育室の隅でひとりブロックなどの好きな遊びをして過ごせるようになってきました。テレビで放映しているロボットが登場するアニメが好きで，その主題歌に合わせて踊るときなどは，クラス全体での活動にも参加します。

　Aくんの好きな遊びは園庭で三輪車に乗ることと，ブロックで武器をつくって戦いごっこをすることです。でも，興味がすぐに変わるので，おにごっこなどで一緒に遊んでいても途中から急にいなくなってしまうことがあるんです。戦いごっこでは手加減ができずにやりすぎてしまうことがあって，よく友達とトラブルになってしまいます。1学期は叩かれた相手が怒るとAくんの方が激しく怒ったり，保育者が仲裁しようとすると逃げたりしていたんですが，2学期になって保育者が落ち着かせると，自分がやりすぎたことについて，3回に1回ぐらいは「ごめん」と言えるようになりました。

　これまでは1人遊びか保育者と遊ぶことの多かったんですが，最近はAくんから戦いごっこに他の子どもを誘って，他の子どもと遊ぶことを求める姿が出てきました。でも，クラスの男の子たちから「Aくんはおこりんぼだから遊びたくない」という発言も出てきてしまい，私もその都度「一緒に遊ぼうよ」と声はかけてるんですが……。

　そして，10月半ばの運動会で，Aくんが徒競争にもダンスにも参加したがらない様子や，運動会の最中にひとり砂場で遊ぼうとする姿を見て，A君のお母さんはショックを受けてしまったようで，「うちの子はどうして他の子みたいにできないんでしょうか」とおっしゃってきたんです。

▶8　発達アセスメント

人の発達の理解と支援を目的に行われるアセスメントを「発達アセスメント」と呼びます（本郷一夫（編）『子どもの理解と支援のための発達アセスメント』有斐閣，2008年）。これは標準化された発達検査や知能検査に限定されるものではなく，行動観察や保育者・保護者からの聞き取りなど多様な方法があり，その対象には，子ども自身だけでなく，子どもを取り巻く環境も含まれます。

　このB先生からの相談に対する保育カウンセラーの対応を以下に述べていきます。まず保育カウンセラーはAくんの状態を理解する「アセスメント」を行います。これは保育における「子ども理解」と重なる部分がありますが，「アセスメント」という場合は心理臨床の視点や枠組みにおける理解という意味合いになります。このエピソードの場合，クラスの男の子の「Aくんはおこりんぼ」という言葉にある「おこりんぼ」とは具体的にどのような状態で，どのような状況で生じやすく，またそれは発達障害的な育ちの難しさに関連があるのかそうでないのかを詳しくみていくことです。カウンセラーはまず保育者からのAくんについての情報をふまえた保育中の行動観察を行いました。

❶ 保育のなかのAくんの行動観察

カウンセラーが見た保育中のAくんの様子は次のようなものでした。

Episode 2

「怪獣がいたー」

Aくんは三輪車に乗って園庭のなかをぐるぐると回っていました。笑顔もみられました。時おり，同じクラスの男の子たちがすべり台を基地にしてごっこ遊びをしているそばに寄っていき，「怪獣がいたー，怪獣をやっつけろー」と男の子たちに呼びかけました。男の子たちはAくんをちらっと見るだけで，特に反応しません。Aくんは再び三輪車をこぎだし別の場所に向かいました。

しばらくしてAくんは砂場で担任の先生と女の子たちが「おだんごやさん」をしているところにやってきました。先生が「Aくん，おだんごいかがですか」と声をかけると，Aくんはうれしそうに「みたらしだんごがいい」と応え，三輪車をおりて一緒におだんごづくりをはじめました。しかし，3分と経たないうちに，砂場のそばを隣のクラスの先生が通りかかると，「怪獣を見つけたぞー。やっつけてくる」と駆け出していきました。

片付けの後（Aくんは廊下で金魚の水槽をみていてほとんど片付けていない），クラスの子どもたちは保育室に集まりました。主任の先生に連れられて保育室に戻ってきたAくんに，担任の先生が「Aくんみんな待ってたよ」「Aくん来たら紙芝居読もうって言ってたんだよ」と声をかけると，数人の男児が「Aくん来ないから紙芝居読めなかったんだよ」と言いました。Aくんは，何も言わずにビニールテープや折り紙のあるワゴンのそばに行こうとしましたが，主任の先生がAくんを引きとめて，みんなの座っているそばに行くように促しました。

❷ Aくんに対するクラス担任の先生との話し合い
――保育者へのコンサルテーション

次にこの観察の日の保育後，カウンセラーは保育者と話し合いをもち，Aくんの状態，クラスの子のAくんに対する気持ち，Aくんへのかかわり方，Aくんの保護者への対応について話し合いました。話し合いのなかでカウンセラーが担任の先生との間で主に以下の事柄

➡9 コンサルテーション たとえば保育のなかで子どもや保護者への支援を行っている専門家（主に保育者）に対して，より効果的な支援や問題解決に向けて，異なる立場の専門家（主にカウンセラー）が話し合うことをコンサルテーションと言います。この場合，コンサルテーションを行う人を「コンサルタント」，コンサルテーションを受ける人を「コンサルティ」と呼びます。コンサルテーションでは，両者は対等な関係をもち，コンサルティ個人の問題を扱うのではなく，実践上の問題解決に焦点を当てる点に特徴があります。

を確認しました。このように，ある事柄についてカウンセラーと保育者という異なる専門性をもつもの同士が問題解決に向けて話し合うことを「コンサルテーション」と言います。

Episode 3　Aくんについて保育者とカウンセラーとで話し合ったこと

[Aくんの状態の理解]
・自由遊びの場面でのAくんの様子から，Aくんなりの興味関心（三輪車や戦いごっこなど）に沿って遊んでいる。遊んでいる時は落ち着いた表情をしている。
・他の子とのかかわりを求めるが，クラスの男の子たちはAくんからは距離を置きたいのか，反応が冷たい。Aくん自身，そのことをあまり気にしていないようにも見える。
・おだんご屋さんでの先生や女の子たちとのかかわりでは，相手のイメージを受け入れて遊ぶこともできることがうかがえる。また，担任には心を許しており担任とかかわることを喜んでいる。
・ただし，興味が移り変わりやすいので，遊びや遊びを通しての人間関係がなかなか深まらないのかもしれない。興味の移り変わりやすさは，Aくんの特徴の1つで顕著な印象があり，入園以来あまり変わらない。

[Aくんへのかかわり方]
（園全体での対応）
・片付けから一斉活動への流れはだいぶわかってきてはいるが，担任以外にサポートする保育者がいないと流れからはずれてしまう。
・担任以外のAくんへのサポートを主任の先生，フリーの先生と連携する。

（担任としての対応）
・Aくんが保育室に戻った時，Aくんに対する先生の言葉を受けて，他の子どもが「Aくん来ないから紙芝居読めなかったんだよ」という発言は，クラスのなかでAくんに対するまなざしが厳しくなってきていることを示しているのではないか。
・クラス全体での活動の場面で流れにのれないAくんに対する保育者の言葉かけに気をつけて，Aくんが他の子から孤立しないように注意する。
・遊びの場面でも保育者とともに他の子どもとAくんのかかわりが深まるように，遊びを援助していく。
・Aくんの良いところをほめ，他の子にも伝えていくAくんの好きな遊びに保育者が積極的にかかわり，保育者との信頼関係を深めることで，保育者の指示が受け入れやすくなったり，クラス全体での活動への意欲も高まるかもしれない。

[今後に向けて]
・入園当初に比べると，幼稚園生活にも慣れ，落ち着いて生活している様子が

見られるが，注意の変わりやすさと指示の定着のしにくさは，他の子どもとの差が大きく，今後その差が開いてしまう可能性もある。年長クラスへの進級（さらには小学校入学）がスムーズになるように特別支援学校，小児科医など専門機関との連携も視野に入れてAくんの変化を継続して見ていくことにする。

［Aくんの保護者への対応］
・運動会のAくんの様子を見て不安を強く抱いた保護者に対して，保護者の不安を受け止めつつ，Aくんの幼稚園での様子を具体的に話す。
・家庭でのAくんの様子を保護者から聞き，Aくんについて理解を深める。保護者はAくんの様子に不安を感じているので，Aくんの幼稚園での様子を良い点も含めて具体的に話すようにする。
・幼稚園に定期的に訪れている保育カウンセラーにAくんについて心配なことを相談できることを伝え，面談をすすめてみる。

　このコンサルテーションを通して，保育中のAくんの様子からカウンセラーが理解したこと（アセスメント）を担任のB先生に伝え，担任の先生からは最近のAくんの様子や入園からの変化（変化しないことも含めて）を聞き，両者でAくんについての理解を深めました。カウンセラーとのAくんに対する理解はそれほど大きな隔たりはありませんでしたが，常にAくんと接しているB先生からすると，見すごしてしまいがちな姿をカウンセラーが具体的に伝えることで，担任の先生のAくんに対する理解の幅が広がりました。Aくんが遊んでいる時は落ちついた表情をしていることや，相手のイメージに沿って遊びに参加していることなど，Aくんなりに「できている」ことにB先生が目を向けるきっかけとなりました。このことは，ともするとAくんを「困った存在」として見てしまいがちなB先生のAくんに対するまなざしが少し和らぐことにつながりました。またカウンセラーは，Aくんに対する他の子どもたちの反応と，それらに保育者のAくんに対する言動が影響を与えている可能性も指摘し，Aくんがクラスのなかで孤立しないようにすることも確認しました。ともすると，Aくんの特徴にばかり目を向けてしまいがちですが，Aくんを周囲がどのように受け止めているかも含め「関係のなかのその子」を理解することが重要になります。

　その一方で，注意がすぐに移り変わることや一斉場面の流れにのりにくいことなどAくんの育ちの課題となる部分については，その特徴が顕著で入園以来変化があまり見られないこと，他の子との差が大

きいことなどからより専門的な支援が必要である可能性を両者で確認しました。今後Aくんに対してできる手立てとして、担任の先生や園のかかわりだけでなく、外部の専門機関との連携も含めた具体的な見通しを立てました。

　以上のように、コンサルテーションでは、普段の保育を通してAくんの育ちを支えるための具体的な手立てと見通しを確認していきます。月に1〜2回訪れるカウンセラーとは違い、毎日子どもと接している保育者は大きな影響力をもっています。その保育者のかかわりの良い点を認めるとともに、それがさらにAくんの育ちを支えるものとなるように話し合いを進めることが重要になります。

　【Episode 3】のコンサルテーションでは、今後も継続してAくんをカウンセラーが見ていくこととしています。子どもの育ちにかかわる課題は、長い目で子どもを見て、時には変わらなさやうまくいかなさをもちこたえなくてはいけない時もあります。そのような時に、保育者とともにAくんを見守る伴走者としてのカウンセラーの存在が保育者の支えの1つとなります。

❸ Aくんの保護者との面談

　コンサルテーションでは、Aくんの姿に不安を感じている保護者に対してカウンセラーとの面談を提案することになりました。その後、担任から保育カウンセラーについて話を聞いたAくんのお母さんがカウンセラーとの面談を希望し、11月の下旬にAくんのお母さんとの面談を行いました。

Episode 4　「他の子はちゃんとできているのに……」

[Aくんのお母さんのお話]
　運動会でAが演目に参加したがらない様子や、1人で砂場で遊んでいる様子などを見て、他の子はちゃんとできているのに……ととても不安になりました。1学期も担任のB先生から保育室から出ていってしまうことや、お友達とのトラブルのこともうかがっていたので「やっぱり……」と感じてショックでした。
　Aの祖母（姑）には、まだ小さいから気にすることはないと言っていましたが、運動会を一緒に見に来ていた夫も同じ感想をもちました。

実は，幼稚園に入園する前に通っていた育児サークルでも絵本の読み聞かせの時などにじっと座っていることがなかったんです。その時はまだ小さいし，男の子はやんちゃなぐらいがいいと周りのお母さんたちにも言われてあまり気にしていなかったんです。
　家では，片付けをしないなど，毎日同じことで何度も叱っていて，私も夫もAのことでいらいらすることが多くなってきています。半年前にAの妹が生まれたこともあり，余裕がなくてつい怒鳴ってしまうこともあります。本当は怒鳴りたくはないし，怒鳴った後でものすごく私自身おちこみます。
　1学期は幼稚園のお友達の名前は全然口にしなかったんですが，最近になって「○○くんと遊んだ」と言うこともあります。でも「誰も遊んでくれない」と言うこともあって心配しています。
[カウンセラーの対応]
　カウンセラーはAくんのお母さんがAくんの状態をどのように受け止めているかを考えながら，共感的に話を聞きました。
　「実は入園前から」と語られていることから，以前からAくんの様子についてお母さんが不安を抱いていたことを考慮しました。またAくんの特徴が入園後にはじまったものではなく持続的なものである可能性も考えました。これまでの保育の中の観察（アセスメント）や担任の先生とのコンサルテーションとの内容もふまえて，Aくんに軽度の発達障害の可能性があることも考慮しました。しかし，面談では具体的な診断名は，口にしません。
　家庭でAくんを叱ってばかりいることの困り感（お母さんのストレス）に共感し，その対処法（注意する時は部屋の隅，テレビを消すなど集中しやすい状況で，1回に1個ずつ伝えるなど）を提案しました。あまり叱らなくてもよい日はどんな日か思い出してみることも提案しました。
　生まれたばかりの妹の存在がAくんの生活や気持ちに大きな影響を与えている可能性もあり，Aくん自身も環境がかわって落ち着かない，大人に甘えたい気持ちが出てきているのかもしれないことを話しました。
　Aくんの友達との関係については，担任の先生とのコンサルテーションで話し合ったことをふまえて，幼稚園でより丁寧に保育者が連携して対応することを伝えました。
　面談の最後にお母さんが丁寧にAくんの様子を見て理解していることをねぎらい，今後，保育カウンセラーもAくんを継続して見ていき，お母さんとも継続して面談をすることを確認しました。

　Aくんのお母さんの口からは，運動会でのAくんの様子も含めて，Aくんが他の子とは少し違うのではないか，何か育ちの難しさをもっているのではないかという不安が語られました。保護者との面談では，カウンセラーはまず相談者（クライエント）を共感的に受け止め傾聴します。保育者から見て「ちょっと気になる子」の保護者は，普

第7章 子ども理解と保育現場でのカウンセリング

段はわが子のことについて何も気にしていないように見えても，実は以前から不安を感じつつ，そのことを認めたくない気持ちや直面したくない気持ちを抱え続けていたり，そうした不安を誰にも打ち明けられない孤独感を感じていたりする場合が少なくありません。担任のB先生が園でのA君の様子を伝えたときに，お母さんがあまり深く話したがらなかった様子の背景には，このような複雑な保護者の心理があったのかもしれません。カウンセラーとの面談を申し込むこと自体が，お母さんにとっては大きな決断であると同時に，わが子についての不安が現実になるのではないかというさらなる不安をかきたてられるものとなることもあります。そこで，カウンセラーはお母さんからどのような感情が語られようとも，それを「正しい／間違っている」などの評価を下す視点で判断するのではなく，お母さんの気持ちをそのまま尊重して受け止めます。このような共感的かつ受容的な態度は，どのような内容の相談であっても，カウンセリングの基本となります。

　また「実は，入園前から……」という話から，一斉活動が苦手であったり注意が持続しづらかったりするというAくんの特徴がより幼い頃からの持続的なものであることがうかがわれました。保育中の観察や担任のB先生とのコンサルテーションで得た情報なども合わせて考えると，Aくんの姿には注意欠陥多動性障害（ADHD）などの発達障害にあてはまる可能性があることをカウンセラーは考慮しました。

　しかし，最初の面談ということもあり，Aくんのお母さんとは発達障害の可能性や専門機関での受診などについてはまだ話していません。この点は，保育カウンセリングを行う際の非常に重要かつ難しい点となります。わが子に障害の可能性があることを受け入れる保護者の心の準備，すなわち「障害受容」の状態も考慮して，話を進めていくことが必要となるからです。お母さんにまだ「Aくんの育ちの難しさ」を受容する心の準備や周囲のサポートが十分でないうちに，その可能性を伝えてしまうと，お母さんの不安がさらに増し，Aくんに余裕をもってかかわることが難しくなったり，カウンセラーや園に対して不信感を抱いたりするなど，Aくんの子育てにマイナスの影響を与えることになりかねないからです。カウンセラーはまずはAくんのお母さんとの信頼関係を確立し，Aくんの状態について共通理解を図りながら，専門機関での受診を勧めるなどの働きかけを行います。

　保育者が保護者に子どもの育ちの気になる点を伝える場合について，大橋は，以下の3点を考慮すべきであるとしています。1つ目は，保

▶10　大橋節子「気になる行動と発達の問題」馬場禮子・青木紀久代（編）『保育に生かす心理臨床』ミネルヴァ書房，2002年，pp. 101-166.

護者と保育者（幼稚園）の間に信頼関係が築かれていて，「うちの子は先生に大事にされている，好かれている」という気持ちを保護者がもっていることです。2つ目は，保護者（お母さん）が孤軍奮闘しているのではなく，お父さんや実家のおばあちゃんなど精神的な支えをもっていることです。わが子の育ちの難しさに直面した時の動揺を支えてくれる環境が保護者の側にあることが重要です。3つ目は，専門機関で検査・診断・評価を受けることが単に診断名の告知に終わるのではなく，子どもの得意なところと苦手なところなどの現実の状態像を把握し，日常生活における適切な対応を知ることになるように，療育指導につながる専門機関を紹介できることです。

したがって，妹の誕生や幼稚園入園などによる環境の変化がAくんの状態に影響を与えている可能性も考慮すると，もう少しAくんの姿についてお母さんと情報を共有して，お母さんの不安を受け止め和らげた上で，Aくんにとって必要な専門的支援を考えていく時間が必要と考えました。

この面談のなかでは，最近家庭でAくんを叱ってばかりいることについてお母さんの「困り感」が語られています。この困り感への対応として，カウンセラーはAくんの注意持続しにくい特徴や繰り返し叱ることでお母さんが感じるストレスを考慮して助言をしました。また，たまに叱らなくてもよい日（あまり叱らない日）があるとしたら，それはどんな日か考えてみること（例外探し）を投げかけています。このことによって，うまくいっていない場面ばかりに向きがちな注意を，うまくいっている場面にも向けさせて状況に対して悲観的になりすぎないようにし，Aくんへのかかわり方のヒントを得られるように話を進めることができます。

さらに，Aくんの幼稚園での仲間関係については，Aくんのお母さんの不安や家庭でAくんが漏らした「誰も遊んでくれない」という言葉から，Aくんのお母さんの了解を得た上で，担任のB先生に話しました。B先生がAくんと他の子どもとのかかわりをより丁寧に見て，援助してもらうことを確認することで，先の担任の先生とカウンセラーとの間のコンサルテーションが生かされます。

▶11 例外探し
　心理療法の1つのアプローチである「解決志向ブリーフセラピー」の技法の1つに「例外探しの質問」があります（森俊夫・黒沢幸子『〈森・黒沢のワークショップで学ぶ〉解決志向ブリーフセラピー』ほんの森出版，2002年）。問題となっている状況や事態に焦点を当てるのではなく，例外的にうまくいっている時・うまくやれていることに注目して質問をすることで，問題解決の糸口やすでに問題が解決されつつある状況を発見することができます。

　保育カウンセラーがこの「例外探しの質問」をした例として，子どもの登園しぶりに悩む保護者の相談のなかで，「幼稚園に行くのを嫌がらない時はありましたか？」「その日はいつもと何がちがったんでしょうね？」とカウンセラーが質問をしました。保護者は子どもが登園をしぶらない日は保護者自身が早く起きてゆったりとした気分で子どもにかかわっていられたことなどを思い出しました。このことがきっかけとなり，保護者が心に余裕をもつことで子どもを受け止めることができるようになり，子どもの登園時の不安を和らげる，という形で解決を導くひとつの手立てになりました。

第7章　子ども理解と保育現場でのカウンセリング

第3節　保育カウンセラーに求められる役割

　Aくんの事例に見られるように，保育現場でのカウンセラーの役割は，子どもや保育者，保護者が抱えている問題に対して，アセスメントを行い，そこで得た理解をもとに，援助の方針を立てることです。この一連の流れのなかで，カウンセラーは主に乳幼児期の発達や臨床心理学の知識や理論，技法に基づいて問題に取り組みますが，特に保育現場にかかわる「保育カウンセラー」に必要な専門性や資質もあります。

　柴崎は，保育カウンセラーに求められる専門性・資質として，①乳幼児の発達や障害について理解していること，②障害児保育の実践に参加しケースワークの経験を有していること，③乳幼児の発達相談の経験を有していること，④幼稚園や保育所における保育実践について理解していること，という4つをあげています。保育の現場でカウンセラーの助言や，カウンセラーとの連携が必要となる場合，その多くは子どもの発達，なかでも発達障害にかかわる場合が多いことから，発達および障害にかかわる知識や，障害のある子どもの保育ならびにその保護者への対応についての実践的経験が重要となります。同時に，前述したように，園生活のなかで遊びを中心とした保育を通して子どもが育つという保育実践の特質を理解していることで，園のもつ援助機能をより有効なものとすることができます。

　なお，これらの専門性と資質，特に②と③に関連して，保護者の「障害受容」についての理解，他の専門機関についての知識とその活用，保育の現場における人間関係の調整が保育カウンセラーの専門性に含まれると考えられます。Aくんの事例にもあったように，保護者がわが子の育ちの難しさを受け止めることは簡単なことではなく，長い時間を要する場合もあります。また，それは保護者を取り巻くさまざまな人間関係，家庭や地域の環境などとも関連するものです。したがって，子どもを支援することと同時に，保護者をいかに支えるかという視点とそれにかかわる専門性がカウンセラーには必要となるでしょう。また保育の現場で生じるさまざまな問題は園外の専門機関（保健所保育センター，児童相談所，療育にかかわる機関，医療機関，特別

➡12　柴崎正行「『保育カウンセラー』制度の実現を期待する」『幼児の教育』104(11)，日本幼稚園協会／フレーベル館，2005年，pp. 4-7.

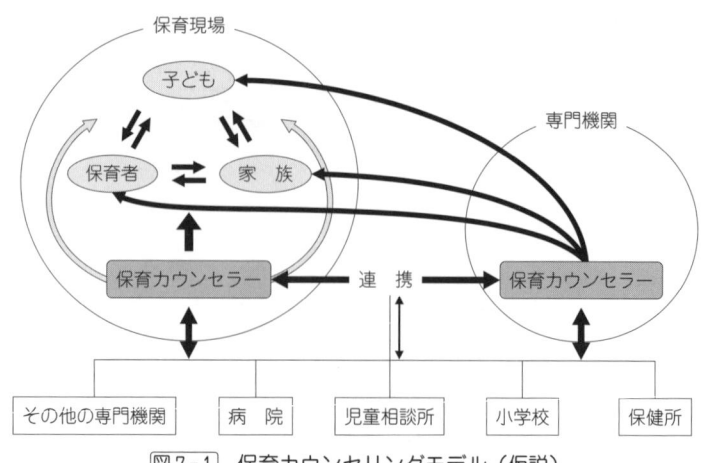

図7-1 保育カウンセリングモデル（仮説）

出所：冨田（2009），p. 13.

支援学校，小学校）との連携が求められます。それは単に地域のどこにどのような機関があるという知識だけでなく，それらの機関と連携して，継続的に問題に取り組むネットワークの構築と活用までを含むものでなければ意味がありません。冨田は，保育カウンセリングが，保育現場を中心にしつつ，関係機関と連携して行われることを，図7-1のようなモデルで示しています。[13] 保育は保育者と子ども，保育者と保護者，保護者同士，保育者同士など，さまざまな人間関係によって営まれるものであります。子どもの育ちを支え導く保育が十分に展開するにはこれらの関係が開かれた風通しのよいものであることが大切です。

したがって，カウンセラーには，コンサルテーションやカウンセリングなどを通して，これらの関係を少し引いた目で見て，これらの関係を調整するコーディネーターとしての役割も求められます。それはたとえば，保育者の子どもに対するまなざしが厳しく固定的なものになっている場合に，観察で見た子どもの行動のよい面や保育者が見落としている面を伝えて，保育者の子ども理解が子どもに共感的なものとなるように話し合っていくことなどです。

[13] 冨田久枝「保育とカウンセリング」冨田久枝（編著）『保育カウンセリングの原理』ナカニシヤ出版, 2009年, p. 13.

さらに学びたい人のために

- 馬場禮子・青木紀久代（編）『保育に生かす心理臨床』ミネルヴァ書房，2002年
  発達にかかわる心理臨床の基本的な理論をふまえつつ，乳幼児期の心理臨床的な問題への取り組みについて，保育実践の特徴をふまえて，解説しています。事例も多くわかりやすい文献です。
- 本郷一夫（編）『子どもの理解と支援のための発達アセスメント』有斐閣，2008年
  子どもの臨床的な支援において不可欠となる発達アセスメントについて，知能・発達的側面，情動的側面，クラス集団，家庭・保護者など，さまざまな側面について具体的に解説されており，保育実践の場でのアセスメントについても実践的に述べられています。
- 無藤隆・安藤智子（編）『子育て支援の心理学——家庭・園・地域で育てる』有斐閣，2008年
  乳幼児期の子どもの発達と子育て期の養育者の心理，子育て支援の実際について，実証的な研究をもとに，具体的な事例も交えてわかりやすく解説されています。

演習問題

1. 乳幼児期の子どもを育てる保護者がもつ悩みにはどのようなものがあるでしょうか。乳児期，幼児期前半（1～3歳），幼児期後半（3～6歳）のそれぞれの時期について，グループでできるかぎりたくさん出し合ってみましょう。
2. 1．で考えた保護者の悩みについて，いくつか取り上げ，以下の視点で話し合ってみましょう。
   ①その悩みについて，保育所や幼稚園などの保育者ができるサポートにはどのようなものがあるか考えてみましょう。
   ②その悩みについて，保育所や幼稚園の保育者以外の専門機関や専門家とどのように連携するとよいか考えてみましょう。

第8章

子育て支援・家庭支援における子ども理解

　子どもたちの生活は，幼稚園・保育所だけで完結しているわけではなく，常に家庭との繋がりのなかにあります。そのため，子どもの姿を理解し，その育ちを支えていくためには，そうした姿を生み出している背後にある家庭環境や親子関係までを視野に含めて，理解を深めていかなくてはなりません。また，そこで，子どもたちの豊かな育ちに繋がる経験やかかわりを保障していくためには，保護者が，多様な子どもの育ちのプロセスに出会うなかで，そこで生まれるさまざまな子どもの葛藤や経験の「意味」について理解し，自らの子どもの見方やかかわりについて省察していけるように保護者自身を支えていくことが必要となります。

　保護者が子どもや子育ての面白さに気づいたり，そこでの多様な経験の「意味」を理解し，子どもの育ちをともに支えていけるような関係や環境を構築していくために必要な支援とはどのようなものでしょうか。現代の子育てを取り巻く社会的な環境を踏まえ，そこで求められる子育て支援・家庭支援のあり方を探っていきたいと思います。

コマ1:
先生 お子さんの保育所から電話が…
最近のお母さんてホント自己中心的よねっ
先生がしっかりみててくれないと困りますっ
はぁ…

コマ2:
え〜？熱が出た！？そんなっ、見ててくれないと困りますっ!!
ウンウン 見ててくれないと困るよねー
はっ

第1節 保育の場における子育て支援・家庭支援の必要性

❶「いまどきの親」は問題？

Work 1

あなたのイメージする「いまどきの親」とはどのような親ですか？
4，5人でグループを組み，それぞれのイメージを出し合ってみましょう。

　上記の【Work 1】を通して，どのようなイメージが出てきたでしょうか。身近に子育て中の家族が多く，日常的にそのような親子の姿に触れ合う機会が多い人もいれば，あまり身近に接する機会がなく，メディア等を通してしかイメージがもてないという人もいると思いますので，その出てくる意見はさまざまだと思います。

　「仕事や趣味など自分の時間も楽しみながら子育ても楽しんでいるように見える」「昔に比べて親も子どももおしゃれになっている」というようなイメージをもっている人もいれば，「習い事など教育熱心な親が多い」「自己中心的で，モンスターペアレンツのように，すぐに園に苦情を言ってくる親も多そう」というようなイメージをもっている人もいるかもしれません。

　では，実際の「いまどきの親」の傾向とは，どのようなものなのでしょうか。日々，幼稚園や保育所などで，園児の保護者とかかわっている保育者からは，近年の保護者の傾向として，子どものしようとしていることにも先回りしてすぐに手を出してしまう「過干渉」や，小さな怪我や子ども同士のトラブルに大げさに反応する「過剰反応」的な傾向，自分の子どもさえよければという「わが子中心主義」的な傾向が指摘されています。また，その一方で，わが子のしつけに無関心だったり，他人（保育者）任せにしてしまうという「放任」的な傾向もあげられることがあります。さらに，このような保護者とのかかわりやコミュニケーションは，近年，多くの保育者にとって難しさを感

じる問題の1つとなってきているようで，さまざまな保育の研修会などでも，「保護者との連携」は取り上げられることの多いテーマとなってきています。

　このような話を聞くと，現代の子育て世代の「親」たちがとても「問題」が多いように見えてしまいますが，でも，本当に，その「親」たち自身が，そもそもかかわりの難しい「問題」のある人たちなのでしょうか。本章では，それらの「問題」と見られる姿の背景にあるものを探り，保育の場で，子どもへの理解を深め，その子どもの育ちを支えていくために求められる家庭との連携のありようや，そのための子育て支援・家庭支援の意義とあり方について考えていきたいと思います。

❷子どもの変容とその背景にあるもの

　保育の場で見られるさまざまな子どもの姿や問題には，その背後にある子どもの家庭環境や，そこでの親子関係が深くかかわっていることが少なくありません。

Episode 1

周囲の人やモノに対して身構えるマキ

　今年の春に幼稚園に入園してきたマキは，朝，母親と登園して来て，そこで母親が繋いでいた手を離すと，すぐに担任保育者のA先生と手を繋ぎ，その後は，1日中，A先生のそばを離れられません。A先生が手を離すと，眉間にしわを寄せ，涙を浮かべながらその場に立ち尽くしてしまいます。

　入園後しばらくすると，クラスの他の子どもたちは，保育室でおままごとや積み木を使ってごっこ遊びをしたり，園庭では砂場で泥団子をつくったりなど，それぞれに好きな遊びを見つけて，園生活を楽しみ始める様子が見られるようになってきたのですが，マキは相変わらず，不安そうに，眉間にしわを寄せた「しかめっ面」をしながら，A先生の手を握りしめ，A先生の後ろをついて歩く様子が見られていました。

　そんなマキの姿が気になるA先生は，他児の遊びに一緒に参加しようとマキを誘ったりしてみるのですが，マキはいつも首を振るばかりで，なかなか自分から遊ぼうとはしません。特に，外では，砂や泥で手や足が汚れたり，水で濡れるのがとても気になるらしく，A先生に誘われて，一緒に砂場まで来てみても，砂場のなかに入ることはなく，A先生が促してみても，砂場の縁石の外から，立ったまま少しだけ腰をかがめて砂をそっと触るのが精一杯という様子です。砂を触ると，すぐに立ち上がり，その汚れた手を見て顔をしかめると，

すぐに手を洗いに行きたがります。

　この頃のマキは，いつも眉間にしわを寄せながら，周囲で遊んでいる他の子どもたちの様子を眺めていました。そして誰かが近付いてくると身体を硬くして，保育者の後ろに隠れるように逃げてしまうのです。また，保育者に誘われて園庭に出て，砂に触ってみたり，花壇の花に触ってみても，すぐに，その手を洗いに行き，保育室のなかに入ってしまいます。なぜ，マキが，このように周囲の環境（人やモノ，自然環境など）に対して不自然に身構えてしまうような姿を見せるのか，担任保育者は，とても気になっていたのですが，そのマキの姿には，その後，担任保育者が，マキの母親といろいろな話ができるようになってくるに伴い，少しずつ見えてきた背景がありました。

　実は，マキの母親は，結婚を機に他の地方から転居してきたため，近隣に友人がなく，マキを出産してからも，外で同じ年頃の子どもをもつ親と一緒に遊ぶような機会がなかなか見つけられず，マキと2人で家のなかで過ごすことが多かったそうです。近所の公園に行こうと思っても，なんとなくすでに仲良しグループがあるように見えてしまい，そこに加わる勇気がもてず，高層マンションの上階にある自宅に引きこもりがちになってしまったと語っていました。また，買い物なども，マキがお店の品に手を伸ばして触ったりするような時期になると，周囲の人から「しつけが悪い」と思われてしまうのではないかと，周りの目が気になってしまい，次第に宅配サービスなどを利用することが多くなって，気がつくと一歩もマンションを出ないで過ごす日も増えていったとのことでした。

　そのため，マキは幼稚園に入園するまで，同年代の子どもたちと遊ぶ経験や，砂や泥，自然のものに触れて遊ぶ経験などがほとんどないままに育ってきていたのでした。そのようなマキにとって，幼稚園で初めて出会った同年齢の子どもたちが思い思いに遊んだり，時にはいざこざを起こしている混沌とした状況や初めて触れる自然環境は，どうかかわっていっていいものか，そのかかわり方がわからず，途方に暮れてしまうものだったのではないでしょうか。

　マキのエピソードは少し極端な例のように感じるかもしれません。しかし，最近の保育所や幼稚園に入園してくる子どもたちの姿を見ていると，外遊びの経験が少ない子どもや，遊具や教材などの物的環境

についても，これまでにそうしたモノに触れたことがないために，それらの扱い方がわからないという子ども，また，同年齢・異年齢を問わず「子ども」とのかかわりの経験が少なく（「大人」に囲まれて生活してきたため），なかなか他児とうまくコミュニケーションが取れない子どもなど，そこには，さまざまな「直接体験」の少なさが要因と思われる問題が表れているように感じます。

このような子どもの姿の変化の背景には，実は，近年の保護者や子育て家庭の置かれている環境の変化があると考えられます。大豆生田は，近年の子育て環境の変化として，「核家族化」に加え，地域の路地裏や原っぱなどにおける異年齢集団での群れ遊びや安心して遊べる遊び場が喪失したこと，また，顔見知りの大人が声を掛けたり，見守ってくれる関係がなくなったことなどに象徴されるような「地域のコミュニティ機能の弱体化」をあげ，そうした社会の変化が，子育ての密室化や母子密着状況を引き起こしてきていることを指摘しています。その結果，子どもたちの生活からは，外遊びや多様な人や自然とのかかわりが失われ，多様な「直接体験」を重ねられる機会が奪われるようになってきたのです。このような「家のなか」という密室環境のなかで，常に子どもと向き合わなくてはならないという子育ての孤立化は，親にとっても，子育ての悩み，ストレスや負担感などが増す状況となっていることは想像に難くありませんし，親子関係にもさまざまな影響を及ぼしていると考えられます。

このように考えると，子どもや親の変化というのは，単に，それぞれの単独の変化として語ったり，その対策を検討できるようなものではなく，子どもや子育てを取り巻く社会全体の環境の変化に伴って生まれてきているものであるということを認識しておく必要があるのではないでしょうか。

❸「子育て」を取り巻く「まなざし」

では，実際の子どもや親，そしてその子育てを取り巻く現代の社会は，彼らにとってどのような環境となっているのでしょうか。まず，子育て中の親子が，どのような環境のなかに身を置いているのか，下記の【Work 2】を通して考えてみましょう。

▶1 この他にも，こうした現代の子どもたちの変容について，瀧井宏臣は，乳幼児期からの子どもの運動不足，遅寝遅起きの夜型の生活，子どもの食卓の異変（孤食や偏食等），テレビ漬けなどに代表される生活習慣の大きな変化や，母子の愛着関係の未形成などにより，①体力の低下，②自律神経系の異常，③免疫系の異常，④内臓・血管系の異常，⑤脳の発達不全などの現象が引き起こされているとして，そうした子どもの実態を「子どもたちのライフハザード」として警鐘を鳴らしています（瀧井宏臣『子どもたちのライフハザード』岩波書店，2001年）。

▶2 大豆生田啓友『支え合い，育ち合いの子育て支援——保育所・幼稚園・ひろば型支援施設における子育て支援実践論』関東学院大学出版会，2006年

第8章 子育て支援・家庭支援における子ども理解

Work 2

下記のような親子の姿を見かけたとき、あなたはどのように感じるでしょうか？

〈シーン①〉
昼下がりの電車のなか、2歳くらいの男の子がお母さんと並んで座っています。男の子は窓の外を熱心に眺めながら、時々お母さんの方を見るのですが、お母さんは携帯電話でメールを打っていて男の子の方には気づかず、ずっと無言のまま携帯を操作しています。

〈シーン②〉
地域の子育て支援センターに子どもを連れて遊びに来た若いお母さんたちが、遊び始めた子どもの方には目も向けず、すっかり自分たちのおしゃべりに夢中になっています。

実際に上記のような場面をどう感じるか大学の授業で学生に尋ねたところ、①についても②についても、「もっとお母さんが子どもに応えてあげればいいのに」「もっと自分の子どものことを見ているべき」との意見が多く見られました。また、①の方では、「自分のこと（携帯やおしゃべり）に夢中になっていて、子どもを見ようとしないなんて、このお母さんは子どもが好きではないのではないか」と感じたという意見もありました。これらの意見を通して、「親は子どもを（いつでも）きちんと見ているべき」と考えている学生が多いことに改めて気づかされました。みなさんの答えはどのようなものでしたか。もしかすると、同じような意見も多かったのではないでしょうか。

確かに、子どもが興味をもっているものや楽しんでいる遊びを、そばにいる養育者が温かいまなざしでとらえ、共感し、そこに言葉を添えたり、かかわっていくことによって、親子のコミュニケーションが成立したり、子どもの世界がより広がっていくことに繋がります。そのため、子どもとともにいる養育者に、そのようなかかわりを期待する姿勢は自然なことのように思われます。しかし、それを親という存在だけに、常に（母親が専業主婦の場合は、その母親に24時間体制で）求めていく私たちの「まなざし」（価値観）が、実は、逆に親を追い詰めることになってしまったり、その苦しさが、逆に親を子育ての楽しさから遠ざけてしまったりすることに繋がる危険性はないでしょうか。

「親なのだから、もっと○○するべき」という私たちの「まなざし」は、子どもの行動や育ちを親の子育ての結果として、親の責任に帰属

→3 大日向雅美は現代の日本社会が親が失敗しながら親として育つ過程を認める余裕が乏しく、焦燥感や責任感を強く感じさせる環境となっていることを指摘し、年々多くの母親が育児について不安や孤独感を増大させていると指摘しています。（汐見稔幸（編集代表）『子育て支援の潮流と課題』ぎょうせい、2008年）

→4 保育現場だけでなく、子育て支援施設などにおいても、このような支援の必要性に対する認識は広がっています。【Work 2】の〈シーン②〉のような場面でも、子どもにとって安全な環境の整っている子育て支援施設だからこそ親が安心してリフレッシュできたり、親同士のコミュニケーションを取ることのできる場になっていると肯定的にとらえ、そのなかで親を支えたり、子育ての楽しさに気づけるような支援を志向する施設も増えてきています。

させて考える見方であり、親にとっては、自分の子育てを周囲から「評価」されている視線のようにも感じられるものとなります。また、実際に、そのように周囲が見ているかどうかは別としても、親たち自身が、このような「まなざし」への不安を感じていることは否めない事実だと思われます。【Episode 1】のマキの母親が、「周りの目が気になって」買い物に出るのを苦痛に感じるようになっていたのも、たとえ注意をしても、目についた興味のあるものを触って確かめたくなる好奇心旺盛な時期の子どもの行為を、しつけの十分にできていない親のせいだと思われてしまうのではないかという不安から外出することを負担に感じて、家にこもるようになっていったとのことでした。

このような周囲の視線に対する不安感は、親子をますます孤立させ、子どもたちのちょっとした「いたずら」や子ども同士の小さな「トラブル」なども許容されにくい環境をつくり出し、それが結果として、子どもたちにとって必要なさまざまな経験の機会を狭めてしまっていくことにも繋がっていきます。

子どもたちの健やかで豊かな育ちのために必要な「多様な経験」を保障していくには、子どもだけでなく保護者を支え、子どもの育ちやその過程をともに味わいながら、受容し合えるような関係が保護者の周囲に構築されていくことがまず必要とされているのではないでしょうか。このような現代の社会的状況を踏まえた上で、保護者の子育てを支える支援・家庭支援を考えていくことが、今の保育の場にも求められているのです。

第2節 子どもの行為の「意味」を保護者と共有していく支援

❶子どもの姿から「意味」を読み解く難しさ

前節では、現代の子どもたちの多様な経験が保障されにくくなってきている要因の1つとして、核家族化や地域コミュニティの衰退などから子育ての孤立化・密室化という社会的環境の変化があることを見てきました。そのような社会の変容は、子どもたちの多様な育ちの過

程を,私たち大人に「見えにくく」することにも繋がってきました。

かつて,地域に多くの子どもたちが群れて遊んでいた時代には,多くの大人が自分の子どもをもつようになる前に,さまざまな子どもたちの育ちを身近に垣間見ながら,自身も成長してきていました。そのため,子どもの育ちには多様な道筋があることを実感をもって理解することができていたでしょうし,さまざまな年代の子どもたちの姿やかかわりを通して,わが子のその時点での姿やそこでの経験が,その先のどのような育ちに繋がっていくのかという,「一歩先の姿」に見通しをもちながら子育てに当たることができていたと考えられます。

そのように身近に多様なモデルが存在していた文化のなかでは,少し発達がゆっくりだったり,一見,問題があるように見える子どもの姿も,「うちの子もそうだった」「今はそういう時期だが,もう少し経つとこうなる」という周囲の助言にも支えられ,不安が軽減されたり,子ども同士のかかわりのなかで生じる葛藤やトラブルなど,一見,好ましくないように見える姿も,それが子どもたちの育ちに繋がっていく必要な経験であるという感覚が,大人たちの子どもを見守る姿勢のなかに共有されていました。

しかし,多くの家庭が核家族となり,地域の公園や路地から子どもたちだけで遊べる空間がどんどん減少している現代では,親になる前までに,小さい子どもにかかわった経験がない親も増えています。そのような親たちにとって,予想を超えたさまざまな子どもの姿は,自分の子どもがちゃんと育っているのか,また自分の子育てがこれでいいのか,なかなか自信がもてず,悩みや不安を感じさせられるものとなることも少なくないようです。そして,それが結果として,保護者自身を苦しめたり,子どもの経験を狭めてしまうことにも繋がっていく場合があります。

➡5 【Episode 2】～【Episode 4】の一連の事例は,『共感──育ち合う保育のなかで』(佐伯胖(編),ミネルヴァ書房,2007年)に掲載の事例より抜粋して要約したもの。

Episode 2　トラブルを事前に防ごうとする母親のかかわり

　3年保育で年少クラスに入園してきたリュウは,入園当初は,朝登園してきても母親となかなか離れられなかったため,担任保育者からの勧めもあり,しばらくは母親も保育室に一緒に入って,リュウとともに幼稚園で1日を過ごしていました。元来,好奇心旺盛で活動的な遊びを好むリュウは,保育室に母親と一緒に入ることで落ち着くと,次第に母親から離れて,周囲の他児たちに積極的にかかわり始めます。特に戦いごっこが好きなリュウは,近くの男の子た

ちに「○○レンジャー！」とヒーローになりきって戦いをしかけていくのですが，相手の子が少しでも嫌そうな素振りを見せると，母親が飛んできて，「だめよ，リュウ！」と制止してしまいます。リュウが他児とかかわっていて，他児の物を取ったり，戦いごっこをしかけたりして，少しでもトラブルになりそうになると，すぐに母親が駆けつけてリュウを制止をしてしまう姿がよく見られます。

　リュウの担任保育者は，この頃，リュウにも他の子どもたちにも，そうした葛藤を通して他者の思いに気づいたり，他者とのかかわり方について学んでいってほしいと思っていた時期でしたので，リュウの母親の行動が気になり，折に触れては，子どもたちがトラブルを通して育っていくことや，その経験の大切さを伝え，すべてのトラブルを制止しようとするのではなく，まずは見守ってほしいと話していったのですが，リュウの母親の行動はなかなか変わりませんでした。

　実は，リュウが幼稚園に入園する前，自宅の近くの公園に親子で遊びに行っていた頃から，活発で好奇心旺盛なリュウは積極的に他の子どもたちの遊びにかかわっていく様子が見られ，そこで，戦いごっこで他児とトラブルになったり，相手を泣かせてしまうことも多く，母親にとっては，それが心配の種となっていたとのことでした。しかし，一方で，そのようなリュウだからこそ，母親は，「同年齢の子どもとかかわる機会を与えたい」と考えて2年保育ではなく3年保育を選択し，また，「やったり，やられたり」「とったり，とられたり」という葛藤の経験を通して育ってほしいと考え，近隣の複数の幼稚園のなかから，遊びを重視し，その遊びのなかで子ども同士がさまざまなかかわりを通して育っていくことを保育方針の中核に据えている，この幼稚園を選んで入園してきたと語っていました。

　さまざまな育児雑誌やTVの育児番組などを通して，育児や保育に関する情報が流布している今日では，子どもが他児とかかわり合いながら「やったり，やられたり」の葛藤を通して育っていくことや，それが大事だと言われていることは，知識の上では多くの親が知っています。リュウの母親も，子どもの葛藤経験の重要性を認識していながら（そして，それを幼稚園に期待していると語りながら），一方で，実際に，わが子の「やったり，やられたり」している場面を目の当たりにすると，それを許容することができずに止めに入ってしまうという行為を繰り返してしまっていました。そこには，知識として理解して

いることと、現実の子育てとの間に生じる矛盾と、そのために母親自身が抱えている苦しさが垣間見えていたのです。

　しかし、リュウが幼稚園に慣れ、登園してすぐに一人で遊べるようになると、母親が園内で一緒に過ごすことはなくなり、幼稚園でリュウの行動が制止されることはなくなりました。すると、リュウは、大好きな戦いごっこで、さまざまな他児にかかわっていくのですが、今度は、戦いの「ふり」ではなく、本当に相手を叩いてしまったり、本気で戦ってしまうのです。そのため、相手の子どもたちが戦いを避けようとしたり、リュウを嫌がり、敵役にして、一人対数人という形でグループを組んで戦おうとする子どもたちも出てきてしまいました。自分はヒーロー役のつもりで遊び始めたリュウは、気がつくと、なぜか自分一人が攻撃される側になってしまう状況に戸惑う姿が見られるようになっていきました。しかし、そのような時期を経て、少しずつ、リュウの遊び方が変わっていき、戦いごっこを「ごっこ」として楽しんだり、相手の状況を見ながら、自分のかかわり方を工夫したりする姿が見られるようになっていったのです。

　こうした子どもの葛藤経験が具体的にどのような育ちや姿に繋がっていくのかという、その経験のもっている「意味」は、一般論としては理解できても、実際に具体的な姿を前にした時に、その「意味」を理解していくことは難しいものです。保護者が、その「意味」を理解し、子どもたちの葛藤を含めた、さまざまな経験を見守り、保障していけるようになっていくには、どのような過程があり、そこには、どのような保育者の援助やかかわりが必要になってくるのでしょうか。

❷子どもの姿が「見えてくる」こと

Episode 3

わが子の葛藤場面を通して

　ある日、リュウのクラスで、お月見団子をつくるという行事があり、リュウの母親が「ママさん先生」として参加しました（この園では、さまざまな行事や活動の時に保護者が保育ボランティアとして参加しています）。

　お団子をつくり終わって、お弁当の時間になった時、たまたまリュウが、いつも一緒に食べる仲の良いグループの男児から、その日は「あっちいけよ」というように肩をポンと押されてしまい、一緒にお弁当を食べられませんでした。

> その場面を目撃してしまったリュウの母親は，そのやりとりに，とてもショックを受けてしまいました。リュウ自身は，その後も，その相手の子どもやグループの仲間と一緒に遊ぶことを好んだり，一緒にお弁当を食べたりする姿が見られるのですが，母親の方が，その時のショックを引きずり，リュウに対しても，「何も○○君と一緒に食べなくたっていいじゃない」「他にもお友達いるんだから，他の子と一緒に遊んだら？」などと，その肩を押した男児とかかわらないようにという自分の思いを押しつけてしまうこともあったといいます。

　リュウの母親の反応からは，実際のわが子の葛藤場面を目の当たりにした際の保護者の受ける衝撃の大きさが伝わってきます。リュウの母親に限らず，保護者がこのような葛藤場面を目にしたり，耳にした場合，激しい感情の揺れ動きのなかで，つい，わが子に相手の子どもとかかわらないように指示したり，園に対して，そのような子ども同士のやりとりが生まれないよう要望（たとえば「座席を指定してほしい」や「○○君と近づけないでほしい」など）を出す保護者も少なくないようです。

　しかし，そんなリュウの母親に対し，担任保育者は，リュウが（またリュウに限らず他の子どもも）時には仲間に入れない時もあるけれども，それでも，相手と一緒にいることを嬉しく感じたり，ともに何かをしたいと思っているのだという子どもの気持ちを，日々の具体的なエピソードを通して伝えていくよう心掛けていきました。たとえば，「今日は，○○君の方からリュウ君を誘って，楽しそうにお弁当食べていましたよ」「今日は，リュウ君が小麦粉粘土を始めたんですけど，リュウ君のつくったものを見た△△君と□□君が……」など，具体的な場面をとらえ，そこでどのようなやりとりがあって，どのようなかかわりが広がってきているかを，時には保育中にデジカメで撮影した子どもたちのかかわりの場面の映像を，母親がリュウを迎えに来た時に見せて一緒にカメラを覗き込みながら，さまざまなエピソードとともに伝えていったそうです。

　その結果，その後のリュウのお弁当の時の様子（肩を押された○○君と一緒に食べられる日もあれば，自分から別の子どもを選んで誘って食べている日もあること）や，遊びのなかでの他児たちとのかかわりが広がっていく様子など，「やったり，やられたり」しながらも日々続いていく子どもたちの関係や，そうした経験を通してのわが子の変容が「見えてきた」時，母親は，「私は，『○○君たちと遊ばなくていいじ

ゃない』なんて言っちゃったけど,リュウはそれでも彼らと一緒にいたいというのがあるみたいで,あの時は輪に入れなかったけれど,それでも彼はそこで食べたいんですね。そのお友達が好きで,だからどうやったらその輪に入れるか自分なりに考えていろいろ試しているんだなっていうのがわかってきました」「こうやって自分で乗り越えていくんだなって思います。いじわるされたら嫌だなっていう気持ちも味わえただろうし,だから自分もやらないってことも学んでほしいし。そういうことで揉まれながら強くなっていくんですね」と,その時の経験が,リュウの育ちにどのようにつながっていくのか,その「意味」を自分なりに解釈し,肯定的に意味づけられるようになっていったのです。

❸ 子どもの行為の「意味」を理解することから生まれる保護者の変容

　リュウの母親は,保育者から伝えられるリュウの幼稚園でのエピソードを,いつも楽しみにしていて,その語られるリュウの姿を自分でも生き生きと(まるで見ていたかのように)語るようになっていきました。そして,その語りのなかには,次第に自分の子育ての振り返りが見られるようになって来たのです。

Episode 4

自らの子どもへのかかわりを振り返る

　ある日,園庭で,リュウの友達のカズトが担任保育者から注意を受け,涙が出てきてしまった様子を見て,リュウが保育室からティッシュをもってきて,カズトの涙を拭き始めました。まだ担任保育者が話をしている途中だったため,近くにいたタカユキが,「お前いいんだよ。余計なことすんなよ」とリュウを制止し,今度は,リュウとタカユキとで揉め始めます。担任保育者は,カズトと真剣な話をしている最中だったため,フリーの保育者がリュウとタカユキの間の仲裁に入りましたが,タカユキとのいさかいが終わった後も,リュウは,カズトが担任保育者と話し終わるまで近くでずっと待っていました。そして,話が終わった後に,2人で三輪車に乗って一緒に遊び始めたのですが,そこでカズトが,そっとリュウの肩を抱き「おまえ,いいやつだな」と声を掛けていました。

　このエピソードをリュウの母親は,その日の降園のお迎えの時に,保育者から聞き,さらに,その日自宅に帰ってから,リュウ自身からも「カズトに『お

まえいいやつだな」って言われた」と聞いたそうです。

　後日，母親はこのエピソードを改めて語りながら，「もし，私がその場にいたら，『もうやめなさい！　あんたが行くとややこしくなるから，こっち来ていなさい！』って絶対リュウを止めていたと思う。でも，そんなふうにケンカを止めてしまうことについては，入園してからも先生方から『お母さん，少し待って。止めに入る前に5秒待って，子どもの様子を少し見てほしい』って言われていましたね」とかつての自分のリュウへのかかわり方と，それについて園の保育者から受けていたアドバイスの意味を振り返っていく様子が見られたのです。

　リュウの母親は，入園当初，リュウの行動を制止するたびに，保育者から「子どもたちは葛藤を通して育つものですから，止める前にもう少し待ちましょう」と言われても，また，その保育者の言葉に，その都度，賛同しながらも，実際にはその葛藤の場面を「見守る」ことができませんでした。しかし，ここでは，そんな自分のかかわりを自ら振り返り，自分がいたら，この日のリュウとカズトのかかわりは生まれなかったのではないかと思いを巡らせています。そして，そんなリュウの友達とのかかわりが生まれ，広がっていくいくつものエピソードを楽しそうに語りながら，それまでは，わが子が誰かを泣かせてしまうのではないかということばかりが気になって，「相手が泣いていたら，『うちの子が原因』『うちの子が悪い』と思っていた」り，相手の子に何かされたら，それだけで「もうそんな相手と遊ばなくても」と思っていたけれど，「子どもって，そんなこと（いざこざや喧嘩）もしながら，それでもなんとかやっている」ことに気づいたと改めて語ってくれました。そして，その頃から，リュウの母親は，目の前でリュウが誰かといざこざを起こしても，少し距離をとって様子を見てみたり，そばにいる学生ボランティアに対応を任せてみるなど，リュウへのかかわり方も変わってきたのでした。さらに，そうした場面での，その時々の自分の対応についても，その都度，それでよかったのかを自問自答したり，それまでの自分の子育てを自ら振り返ってみる様子が見られるようになってきたのです。

　育児雑誌等のメディアを通して提供されるさまざまな「情報」や子どもの発達に関する「知識」は，保護者たちにとっては，一般化された「望ましい子ども」や「望ましい子育て」のモデルとはなり得ても，

第8章 子育て支援・家庭支援における子ども理解

目の前の子どもの姿がそれとズレを感じるものであった時，その姿や行動がもっている「意味」を読み解くことを助ける手がかりとなるのは難しいかもしれません。そのため，「情報」や「知識」としては，子どもの葛藤経験の大切さを認識していても，実際に子どもたちの世界でその葛藤が起こった時に，それを保障していける保護者が少ないというのが現状なのではないでしょうか。

このように，「知識」や「情報」として認識していることが，必ずしも現実の子育てで実践できるわけではないとすれば，保育者や支援者が「あるべき子育て」の形（「○○な時は○○するべき」など）を，一方的に伝えたり指導していったとしても，それだけで保護者が変わっていくのは難しいと思われます。しかし，このリュウの一連のエピソードからもわかるように，保育者を通して語り紡がれる子どもたちの具体的なエピソードは，保護者にとって，子どもの「育ち」を実感したり，そこに至るまでのさまざまな経験のもっていた「意味」が「見えてくる」ことに繋がっていっています。そのなかで「見えてくる」子どもの姿や，その経験の「意味」を理解していくことは，保護者にとっても，子どもの育ちが見える喜びを味わいながら，改めて，自分の子どもへのかかわり（子育て）を自ら振り返り，そのあり方を問い直すきっかけにもなっていくのではないでしょうか。

このような保護者の変容を支える保育の「場」のもつ力について，太田は，保育には，「母親に子どもとのかかわりや子育ての喜びに気づかせる」力があるとして，「親を追い詰めることなく，また親が精神的に煮詰まってしまう前にそこから解放する力」こそが保育の場における支援の特徴であると指摘しています[6]。一方向的な「指導」ではなく，子どもの世界の豊かさや面白さを共有し，その育つ姿をともにとらえ，味わってくれる保育者の存在や支援こそが，保護者に子育ての喜びを感じさせ，それと同時に，自らの子育てを振り返り，変容していく契機をもたらしてくれるものになるのだと思います。次節では，そのための具体的な配慮や支援のあり方について考えてみましょう。

[6] 土屋みち子・太田光洋（編著）『「気になる」からはじめる臨床保育——保育学からの親子支援』フレーベル館，2005年

第3節 子どもの育ちを「ともに」味わう保育実践の広がり

❶保護者とのかかわりの基本

　保護者との関係を構築していくための基盤は，日常的な保護者とのかかわりにあります。登園・降園の送り迎えの場におけるちょっとした会話やかかわりを通して，保護者を元気づけ支えられることもあれば，保護者を落ち込ませたり悩ませたりしてしまうこともあります。

　保護者が子どものことを思わず語りたくなったり，保育者の話に耳を傾けたくなるような，あるいは，保育者とのかかわりを通して自らを省みるような変容に繋がっていくような関係を築いていくためには，保育者の側にどのような姿勢や配慮が求められるのでしょうか。その一番の基盤となるのは，保育者の専門性の1つとしてあげられる「カウンセリングマインド」だと思われます[7]。

　「カウンセリングマインド」をもって保護者とかかわる際の姿勢のポイントには下記のようなものがあげられます。

①受容的・共感的姿勢

　人は誰しも，自らを「評価」「批判」するような視線に対して，知らず知らずのうちに防御的な姿勢をとってしまうものですし，そのような関係に陥ってしまうと，本音を語り合う関係を築いていくことは難しくなります。保護者が心を開いて，本音を語れるようになっていくためには，保護者の子育てを客観的，一方向的に「いい」「悪い」という評価を下すのではなく，受容的・共感的に保護者の存在を受け止め，その思いを探っていく保育者の姿勢が必要となるでしょう。

②心を傾けて聴く姿勢（傾聴）

　カウンセリングの営みのなかで最も重要とされる姿勢であり，保護者との日常のかかわりのなかでも，その相手に心を寄せ，心を傾けて「聴く」という姿勢が保護者の側に伝わっていくことはとても大切です。自分に心を傾けて，しっかりと聴いてもらえているという安心感や実感をもつことによって，話している方は，その話す行為を通じて，自分の思いが整理できたり，そこでの課題が見えてきたりすることも

[7] 保育における「カウンセリングマインド」の基本的な理念と姿勢については，第1章第4節（pp. 16-23.）を参照。

あります。現実には，なかなかすべての保護者に対して，じっくりと話を聴く時間をつくることは難しいと思いますが，たとえ短い時間であっても誠実に耳を傾けること，そして，特に，じっくり話を聴く必要があるような保護者に対しては，そうした時間や機会を積極的につくっていくことも必要になってきます。

③自己決定・自己選択の尊重

いわゆる一般論から，「あるべき子ども像」や「あるべき子育て像」を求め，そこに導くための助言や指導をするということではなく，あくまでも保護者自身が自ら問題に気づいたり，その解決方法を見出していけるような援助が必要とされます。保護者自身が自分の子育てを振り返り，内省していけるようなきっかけや手がかりを，ともに探っていく姿勢を忘れないようにしたいものです。

④秘密保持

保育者には，職務上知り得た情報を他に漏らしてはならないという「守秘義務」があります。特に，保護者からの相談内容などについては，慎重に取り扱い，秘密を守ることが必要です。そうでなければ，保護者との信頼関係だけでなく，子どもとの信頼関係や保護者同士の関係まで壊してしまうことになりかねません。

❷子どもの姿から「意味」を伝えるさまざまなツール

幼稚園や保育所における子どもたちの活動やそこで子どもが経験していることなどから，その「意味」を読み取っていくことは，日常的にかかわっている保育者にとっても難しいものですが，普段，園の外にいる保護者にとっては，なおさら困難なことだと思われます。保護者の話を聴いていると，想像以上に，園のなかの様子が「見えにくい」と感じているようです。

前節のエピソードにおける幼稚園の場合は，入園直後の不安定な子どもについては，保護者が子どもと一緒に園で過ごすことを容認していたり，多くの保護者が，保育ボランティアや父母の会の活動を通して保育に参加できる機会が日常的に用意されていました。しかし，一般的には，このように日常的に保護者に対して保育を開いていく意識的な取り組みをしているような園でない場合，保護者が，子どもたちが保育の場のなかで，どのような他者とのかかわりを経験していて，どのように育っていっているのか，直に，その育ちに触れたり，知る

ことのできる機会はあまり多くはありません。

　では，そのような保護者に対して，子どもたちの育っていっている過程や子どもの姿の「意味」を伝えていくために考えられる具体的なツールや工夫には，どんなものがあるのでしょうか。

①連絡ボード

　登園や降園など，保護者が送り迎えの際に，日々の子どもや保育の様子を垣間見ることができるよう保育室の出入り口付近や玄関近くに置かれたり，貼られたりするボードで，その呼び名は，「連絡ボード」「ボードフォリオ」「〇〇壁新聞」などさまざまです。その多くは，その日の保育のなかで印象に残った出来事や，明日のもち物，注意事項など連絡事項を伝えるためのツールとして使われていますが，それを，子どもたちのさまざまな活動の様子や，その日のちょっとしたエピソードを保護者に伝えるものとして活用することもできます。写真やイラストなど，視覚的にも楽しく，わかりやすく伝わる伝え方を工夫することで，保護者も思わず足を止め見入ったり，降園時に，そのボードを基に，保護者と話が弾んだり，保護者と子どもが一緒になって語り合ったりする姿も出てくるようです。

②連絡ノート（お便り帳）

　保護者にとって，園の保育者がわが子の育ちを綴ってくれた連絡ノートは，その成長の軌跡が読み取れる宝物であると同時に，保育者との「対話」ができる大切な媒介物でもあります。そこに綴られた子どもの様子と，それに対する保育者の読み取りを通して，保護者が子どもの姿から「育ち」を読み取る視点を獲得していくことにも繋がっていきます。

③園だより・クラスだより

　園だよりやクラスだよりも，子どもたちの具体的な活動やかかわりの様子と，その経験を通しての「育ち」を保護者に伝える大切なツールになります。そのためには，行事や季節の連絡事項ばかりでなく，日々の子どもの遊びやかかわりの様子を描けるコーナーを設けてみたり，その場面を伝える写真などを載せておくなど，保護者に伝わりやすい工夫を考えていくことが求められます。

④保護者会におけるビデオ上映など

　近年では，視覚的に子どもの遊びやかかわりの姿を伝えることができるツールとして，保育の日常のなかでの子どもの活動の様子をビデオに撮影し，保護者会やクラス懇談会などで保護者とともに見るとい

う試みを行っている園も増えてきています。発表会や運動会などの「成果」が表れている映像も思い出には残るでしょうが，日常の何気ない遊びのなかで子どもたちが経験しているかかわり（いざこざや葛藤も含めて）や，そこで生まれるやりとりを実際に映像として見ることを通して，個々の子どもが日々の保育のなかで経験していることの意味が見えてきたり，その豊かさに改めて驚かされる保護者も少なくないようです。

このようにしてみてくると，上記のいずれのツールを使う場合にも，大切なのは，それらを通して「何を」伝えていくのかということになります。単なる伝達事項の連絡やイベントや行事などの活動報告で終わるのではなく，保育者自身が日々発見した子どもの姿やそこでの育ちを自分なりに意味づけながら描き出し，子どもの世界の面白さを保護者と共有していけるような内容が盛り込まれていることが必要となってくるのだと思われます。保育者自身が子どもの育ちを楽しみ，味わいながら探っていっている見方や語り口そのものが，子どもたちの行為の意味を探り，その育ちを子どもの側から読み解いていく営みへ保護者を巻き込み，誘っていく「資源」となっていくのではないでしょうか。

❸子どもの育ちを「ともに」味わい，支え合う関係の広がり

さらに，子どもの世界の面白さに触れ，子育てを楽しみ，味わっていけるようになっていく保護者の姿勢は，これまで見てきたような園と保護者の直接的な援助やかかわりやのなかだけでなく，保護者同士の関係においても生まれ，広がっていく可能性を秘めたものだと思われます。

たとえば，ある保育園では，クラス懇談会では，園での子どもたちの遊びの様子をとらえたビデオを観たり，保護者同士が，家庭での子どもとの過ごし方や困っていることなどをテーマに語り合ってみるなど，保育者から何かを伝える場ではなく，保護者同士が悩みを共有したり，語り合ったりできる場になるように意図した試みをしています。あえて，保育者の側からの指導やアドバイスを控えることで，たとえば，子どもの行動に困っているという保護者の声が出た際にも，少し

月齢の高い子どもをもつ保護者が自分の経験を語ってくれたり，同じような悩みをもつ保護者が自分なりの工夫を紹介し一緒に考え合う姿が出てくると言います。また，自分の子どもより年長の子どもをもつ親の話から，今の子どもの姿がその後のどのような育ちへ繋がっていくのかという見通しがもてて，とても気が楽になったという保護者も出てきます。

　現代の社会のなかでは，子育て中の保護者同士が，素朴な育児の情報交換や悩みを共有できる場も自然発生的に生まれてくることは少ないですし，保護者も自ら周囲にそうした場を見つけたり，つくったりしていくことは難しいようです。しかし，子育ての悩みを他者と共有したり，それによって悩んでいるのが自分だけではないと気づけることは，保護者にとって，大きな精神的支えになると思われますし，お互いの子育てを支え合ったり，わが子以外の子どもたちの育ちにも目が向き，ともに気遣い合ったり，喜び合う関係へと広がっていくのではないでしょうか。個々の保護者を，それぞれ個別に支えるだけでなく，保護者同士や地域の関係を繋いでいくことによって，子どもの育つ過程に必要な経験や環境への理解を広げ，そうした育ちを保障していける「場」を構築していくことも，これからの保育の場に求められる大切な支援の1つだと思われます。

さらに学びたい人のために

- 土屋みち子・太田光洋（編著）『「気になる」からはじめる臨床保育——保育学からの親子支援』フレーベル館，2005年
  保育の場における子育て支援・親子支援の独自性とその意義について，さまざまな具体的な事例を基にわかりやすく語られている本です。
- 大豆生田啓友『支え合い，育ち合いの子育て支援——保育所・幼稚園・ひろば型支援施設における子育て支援実践論』関東学院大学出版会，2006年
  現代の社会における子育て環境の諸問題を丁寧に概観し，それらを踏まえた上で，そこで求められる子育て支援のあり方について幅広い視点から検討されています。一方向的なサービスとしての支援ではなく，子育てという営みを親自身が楽しみ，味わいながら，周囲（親同士や地域，支援者など）とともに支え合い，育ち合える支援のあり方について考えさせられる本です。
- 保育園を考える親の会・普光院亜紀『保護者の「ホンネ」がわかる本』ひかりのくに，2009年
  保育園に子どもを預けている保護者が，日々，園や保育士に対して感じている

こと，期待していることなど，生の保護者の「ホンネ」が満載です。それらの「ホンネ」を通して，保護者との関係の築き方や，保育者に期待されている専門性などについて考えさせられます。

演 習 問 題

1. 現代の子育ての難しさについて，考えられる要因をあげ，そのために必要な支援について検討し，発表してみましょう。
2. 下記のようなケースを想定し，次の演習をしてみましょう。

〈ケース〉

2歳になったばかりのA君ですが，最近になって，つい友達に手が出てしまったり，乱暴してしまう行動が多くなってきました。周りの友達の保護者からは「うちの子をA君とは一緒に遊ばせないでほしい」という要望が出てきました。A君の保護者は，「ちゃんと注意をしてくれていれば，Aは乱暴などしないはず」と保育者のせいと言わんばかりの反応です。

〈演習〉

① 担任保育者とA君の保護者の役に分かれて個別面談のロールプレイをしてみましょう。

② 担任保育者，A君の保護者，友達の保護者の役に分かれて，クラス懇談会のロールプレイをしてみましょう。

③ ①と②の演習を通して気づいたことを基に，A君とA君の保護者や，周囲の子どもたちとその保護者に対して，どのようにかかわっていったらいいのかグループディスカッションをしてみましょう。

執筆者紹介　執筆順／担当章

髙嶋景子（たかしま　けいこ）編者　はじめに　第1章　第8章
　　1970年生まれ。聖心女子大学准教授。
　　主著　『よくわかる保育原理』（共著）ミネルヴァ書房
　　　　　『共感――育ち合う保育のなかで』（共著）ミネルヴァ書房

森上史朗（もりうえ　しろう）編者　第2章
　　1931年生まれ。子どもと保育総合研究所代表。
　　主著　『子どもに生きた人・倉橋惣三（上・下巻）』（単著）フレーベル館
　　　　　『よくわかる保育原理』（共編）ミネルヴァ書房

岸井慶子（きしい　けいこ）第3章
　　1949年生まれ。東京家政大学教授。
　　主著　『保育者論の探求』（共編）ミネルヴァ書房
　　　　　『保育原理』（共著）ミネルヴァ書房

砂上史子（すながみ　ふみこ）編者　第4章　第7章
　　1972年生まれ。千葉大学教授。
　　主著　『子育て支援の心理学』（共著）有斐閣
　　　　　『保育内容「人間関係」』（共著）ミネルヴァ書房

三谷大紀（みたに　だいき）第5章
　　1976年生まれ。関東学院大学准教授。
　　主著　『よくわかる保育原理』（共著）ミネルヴァ書房
　　　　　『共感――育ち合う保育のなかで』（共著）ミネルヴァ書房

矢萩恭子（やはぎ　やすこ）第6章
　　1961年生まれ。和洋女子大学教授。
　　主著　『保育者論――共生へのまなざし』（共著）同文書院
　　　　　『保育内容　言葉』（共著）建帛社

```
                              最新保育講座③
                              子ども理解と援助

         2011年 4 月20日  初版第 1 刷発行          〈検印省略〉
         2019年 3 月 1 日  初版第 7 刷発行
                                              定価はカバーに
                                              表示しています

                              髙  嶋  景  子
                  編   者     砂  上  史  子
                              森  上  史  朗

                  発 行 者    杉  田  啓  三

                  印 刷 者    江  戸  孝  典

                              株式
                  発 行 所     会社   ミネルヴァ書房
                              607-8494 京都市山科区日ノ岡堤谷町 1
                              電話代表 (075) 581-5191
                              振替口座 01020-0-8076

              ©髙嶋・砂上・森上ほか，2011   共同印刷工業・藤沢製本

                    ISBN978-4-623-05962-1
                         Printed in Japan
```

最新保育講座

B5判／美装カバー

1 保育原理
森上史朗・小林紀子・若月芳浩 編
本体2000円

2 保育者論
汐見稔幸・大豆生田啓友 編
本体2200円

3 子ども理解と援助
髙嶋景子・砂上史子・森上史朗 編
本体2200円

4 保育内容総論
大豆生田啓友・渡辺英則・柴崎正行・増田まゆみ 編
本体2200円

5 保育課程・教育課程総論
柴崎正行・戸田雅美・増田まゆみ 編
本体2200円

6 保育方法・指導法
大豆生田啓友・渡辺英則・森上史朗 編
本体2200円

7 保育内容「健康」
河邉貴子・柴崎正行・杉原 隆 編
本体2200円

8 保育内容「人間関係」
森上史朗・小林紀子・渡辺英則 編
本体2200円

9 保育内容「環境」
柴崎正行・若月芳浩 編
本体2200円

10 保育内容「言葉」
柴崎正行・戸田雅美・秋田喜代美 編
本体2200円

11 保育内容「表現」
平田智久・小林紀子・砂上史子 編
本体2200円

12 幼稚園実習 保育所・施設実習
大豆生田啓友・高杉 展・若月芳浩 編
本体2200円

13 保育実習
阿部和子・増田まゆみ・小櫃智子 編
本体2200円

14 乳児保育
増田まゆみ・天野珠路・阿部和子 編
未定

15 障害児保育
鯨岡 峻 編
本体2200円

新・プリマーズ

A5判／美装カバー

社会福祉
石田慎二・山縣文治 編著
本体1800円

児童家庭福祉
福田公教・山縣文治 編著
本体1800円

社会的養護
小池由佳・山縣文治 編著
本体1800円

社会的養護内容
谷口純世・山縣文治 編著
本体2000円

家庭支援論
高辻千恵・山縣文治 編著
本体2000円

保育相談支援
柏女霊峰・橋本真紀 編著
本体2000円

発達心理学
無藤 隆・中坪史典・西山 修 編著
本体2200円

保育の心理学
河合優年・中野 茂 編著
本体2000円

相談援助
久保美紀・林 浩康・湯浅典人 著
本体2000円

ミネルヴァ書房
http://www.minervashobo.co.jp/